いまを生きるカント倫理学

秋元康隆

Akimoto Yasutaka

a pilot of wisdom

はじめに

私はカント倫理学について、すばらしい倫理学説であると思っています。私が「すばらしい」というのは、当時としては画期的であった（しかし今は通用しない）という歴史的な意味でも、読み物として面白い（ただし妥当性云々《うんぬん》は別）という個人の刹那的な欲求を満たしてくれるという意味でもなく、それが私たちにとって生きる上での指針となり、糧となるという意味においてです。

では、そのカント倫理学とは、いったいいかなるものなのでしょうか。その特徴について一言で表現すると、それは人の内面に関心を寄せ、評価する思想と言えます。短期的な成果や結果ばかりが求められ、人の内面が蔑《ないがし》ろにされがちな今の世の中（特に日本）にあっては、とりわけ学ぶことの多い考え方であると私は思っています。

また、カントの説く「人の内面に存する価値」というのにも、大きな特徴があります。それは、一部の人のみが有するような特別な才能や知識、また運といった偶発的要素は必要ないということです。この「その扉は万人に、常に開かれている」[*1]という点に私は魅力を感じるのです。

ここで本書の流れについて簡単に説明しておきます。まず序章において、カント倫理学の骨格部分を描き出していきます。具体的には「善とは何か?」「悪とは何か?」ということであり、また、それを追い求めたり、避けたりする術《すべ》についてです。

それに続く第一章からは、その骨格部分に肉づけをしていきます。具体的には、カント倫理学の理論を個別の応用倫理学のテーマと絡めて論じていく作業になります。そこでは、「ビジネス倫理」「道徳教育」「生殖・医療倫理」「環境倫理」「AI倫理」「差別に関わる倫理」といったテーマについて扱っていきます。これらのテーマを選んだ理由は、今まさに顕在化し、早急な対策が求められる倫理的な問いを含むこと、そして、カント倫理学と絡めて論じることが有効であると判断したためです。

最初の二つのテーマ、すなわち「ビジネス倫理」と「道徳教育」にまつわる問いについては、カント自身がある程度対峙《たいじ》しています。しかし、それ以外のテーマに関する問いの多くは、彼の生前にはそもそも存在していませんでした。そのため当然のことながら、それらについてカント自身は何も語っていないことになります。

するとここで、本書に対して疑念が浮かぶかもしれません。つまり、内容がこじつけになることへの疑念です。しかし、心配には及びません。というのも、どれだけ人類の科学技術が進歩しようとも、そして、それによっていくら人々のライフスタイルが変わろうとも、人間の抱える倫理的問題の本質というのは、そうそう変わるものではないからです。

さはさりながら、偉大な先哲カントといえども人間であり、限界があります。カントの考え方では時代遅れの面や、それどころか当時から（そして今なお）不評である点、また、不整合をきたしているように見える点も少なくありません。そういった問題含みの点についても、本書でははっきりと指摘していくつもりでいます。

そのようにして、カントの至らなかった面を差し引いたとしても、それでもなお、私は彼の倫理学説は傾聴に値する、すばらしい倫理学説であると思っています。

- これ以降の章において、引用文に限り、引用元にある強調は傍点によって示します。傍線は筆者による強調になります。亀甲括弧〔〕は筆者による補足です。
- 「道徳」と「倫理」という類似の用語が頻繁に出てきますが、意味上差異はありません。

目次

第五章　ＡＩ倫理

図版作成／MOTHER

序章　カント倫理学の骨格

私はカント倫理学について、わざわざ私自身の生き方と切り離して説明するようなことはしません。なぜなら倫理学説というのは、それを研究している者が自らの生き方と絡めて説明することが、もっとも読者に理解してもらいやすく、また読者が妥当性を判定しやすい方法であると私自身が信じているからです。そして、書き手自身がその理論に則《のっと》って生きているのに、わざわざその姿が読み手に見えないように描き出す意義があるとは思えないためです。

一節　私にも必ずできることとは

私は子供の頃、誰もがそうであるように、偉人伝の類いを読みました。ライト兄弟、リンカーン、野口英世《ひでよ》などです。私は、そういった人々の生き方に触れて「自分もこんな立派な人間になりたい」と思ったのでした。

偉人伝に出てくるような人たちは「アレテー」を備えていたと言えます。「アレテー」とは古代ギリシア語で「卓越性」を意味します。ライト兄弟は発明家として、リンカーンは政治家として、野口英世は医学の研究者として、卓越性を有していたのです。このアレテー、すなわち卓越性に、道徳的善性を見出《みいだ》した人がいます。それが古代ギリシアの哲学者、アリストテレスです。彼が活躍したのは今から二四〇〇年も前なのですが、彼の学説は「徳倫理学」と呼ばれ、今なお倫理学の分野において一定の支持を得ています。確かに、著しく卓越性を欠くようでは、人は何も成し遂げることができないでしょう。

先日、そのことを私自身が強く自覚する出来事がありました。私は車いすに座っているおじいさんがバスに乗るのを手伝ったのですが、その後で思ったのです。①私は運よくバスの前方にいたため、②バス停でバスを待っている車いすに座っているおじいさんに気づくことができ、③バスにスロープがついていること、また、その使い方について知っており、④それを動かしたり、車いすを押したりする力があり、そして、⑤実際に行動に移す力（勇気）があったから、それをなすことができたのです。これらのうちの何ひとつ欠けても、私は車いすのおじいさんをバスに乗せることはできなかったのです。そう考えてみると、アリストテレスの言い分も、分からないではありません。

また、車いすのおじいさんは、見知らぬ人に手を貸してもらえればうれしいはずです。そして、その光景を目にした人たちは微笑《ほほえ》ましい気持ちになるでしょう。つまり、私はおそらく人々の幸福に寄与したのです。この例に見られるような、人々の幸福の総量を増加させることこそが道徳的善であると考える人々がいます。それが功利主義者と言われる人たちです。有名な論者としては、ジェレミー・ベンサムやジョン・スチュワート・ミルの名を挙げることができます。ベンサムの「最大多数の最大幸福」という言葉は有名なので、聞いたことがある人もいるかと思います。「より多くの人が、より幸せになれることは望ましい」という考え方であり、この命題には否定しがたい説得力があります。偉人伝に出てくるような人たちは、ライト兄弟にしても、リンカーンにしても、野口英世にしても、人類の幸福に貢献したのです。功利主義者からすれば、だからこそ彼らの行いは道徳的に善なのです[*2]。

話を私の少年時代に戻しますと、偉人伝を読んだ当時の秋元少年は彼らに憧れたわけです。しかし、すぐに厳しい現実に突き当たることになります。というのも、子供の頃の私はあまり勉強ができなかったのです。怠け者であったわけではなく、頑張っても平均以下だったのです[*3]。すぐに大志を抱くどころではないこと、身の程を弁《わきま》えるべきことを悟ったのでした。

しかし父も母も、私が勉強ができないことをさほど気にしていないようでした。どのような状況だったかよく覚えていませんが、あるとき父親が私に「俺は人にできないことを『やれ』とは言わない。自分のできることだけやっていれば何も言わない」と言ったのです。ひょっとしたら、勉強を頑張っているつもりだけれど、結果に結びつかない私を慰めるつもりだったのかもしれません。おかげで私は「いくら才能や能力がなくとも、必ず自分にもできることがあるはずであり、そこだけは頑張ろう」と思えたのです。それによって気が楽になり、救われた気がしたのでした。

では、私にも確実にできることとはいったい何なのでしょうか。ひとつは、①自分の頭で考え、判断を下すことです。正しいかどうか分からない、結果が伴うかどうか分からない、でも「ここまでは考えました」と胸を張って言えるようになることです。そして、②非利己的に純粋な動機から行為することです。これもやる気になりさえすれば、できることと言えます。実際に父親は、私が自分のためではなく、周りのことを考えて判断した痕跡が見られれば、結果が伴わなくとも、評価してくれました。*4

この二つの要件が道徳的善に結びつくことを説いた倫理学者こそが、本書の水先案内人となる、イマヌエル・カントなのです。彼は行為者本人が道徳的善を履行する意志さえ持ち合わせていれば、必ずできるはずであり、それを仕損なうことはないと説いたのです。カント自身は以下のような言い方をしています。

人はあることをなすべきと自覚するがゆえに、それをなしうると判断する。

（『実践理性批判』）

カントは至るところで同様の主張を繰り返しています。彼は、私のように特段才能や能力があるわけでもない人間でも、必ず道徳的善をなすことができるはずであると説くのです。私はこのような思想にこれまで背中を押してもらい、そして今なお、強い魅力を感じるのです。

二節　考えた内容が誤りであるということはないのか

前節において、①自分の頭で考えること、そして、②非利己的に純粋な動機から行為することは、その意志さえあれば誰もが必ずできることであるという話をしました。まずは、①の自分の頭で考えることについて、カントの立場から掘り下げて見ていきたいと思います。

カントが活躍する以前、一八世紀前半頃までのドイツ（当時はプロイセン）では、一般の臣民は理性を欠く無知蒙昧《もうまい》な存在と見なされていました。しかし、少なくとも壮年期以降のカントは違っていました。彼は理性は万人に備わっているのであり、誰もが自分の頭で考えることができるはずであると説いたのです。

では、私たちは自分の頭を使って、具体的にものの善悪について、どのように考えればよいのでしょうか。カントはそのための筋道を用意しています。彼は私たちに、以下のことを自問自答すべきであると言うのです。

汝が、それが普遍的法則となることを欲するような格率に従ってのみ行為せよ。

（『人倫の形而上学の基礎づけ』）

この引用文だけ見せられても、よく分からないと思います。嚙《か》み砕《くだ》いて説明していきます。

――まず「普遍的法則」という表現が目に入ります。これは「みんなが従う規則」ということです。そして、そのみんなが従う規則というのが、そうなることが欲せられる、望まれるものであろう場合、それは「道徳法則」と呼ばれるのです。

また、先の引用文のうちには「格率」という用語がありました。これもカント独特の用語で、「自らに設けた規則」のことです。つまり、自らに設けた規則であるところの格率は万人に妥当する道徳法則に一致させるべきなのです。

例えば、「私は車いすのおじいさんに手を貸す」という格率が普遍化された場合は、「誰もが車いすのおじいさんに手を貸す」ということになります。その世界が望ましいものであるかどうか想像してみるのです。もし、それが望ましいものであると思うのであれば、それは道徳法則なのです。当然、履行することが期待されるのです。

先に引用した「汝が……せよ」という命令文はカントによって「定言命法《ていげんめいほう》」と名づけられています（次ページ図1）。定言命法の「定言」とは「絶対的」「無制限的」ということです（こ

図1　定言命法

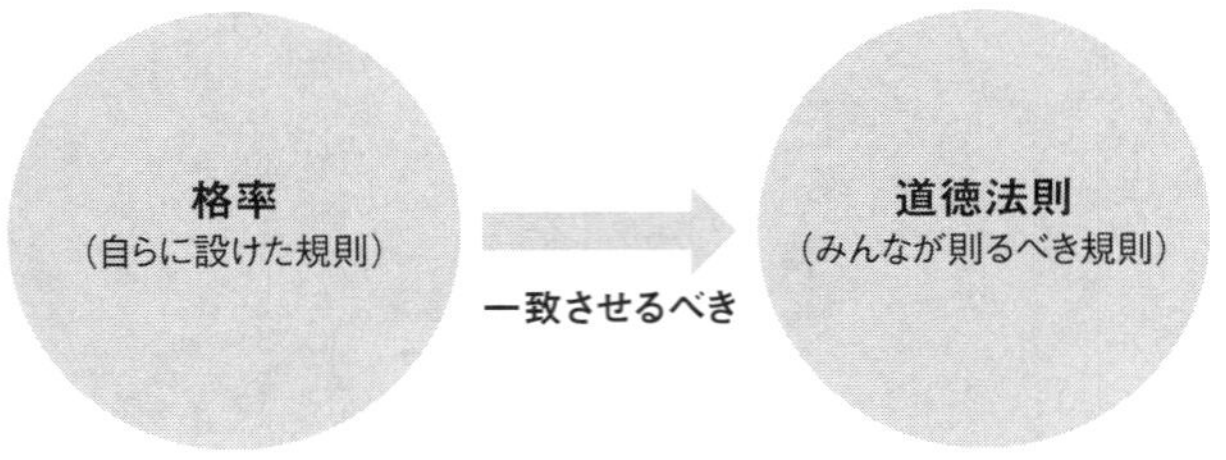

の「絶対的」「無制限的」の意味については次節以降において掘り下げて説明します）。そして、先の引用文が文法的に命令形になっていることから、このような文は「命法」と呼ばれるのです。

ただ、ここでひとつの疑問が浮かぶかもしれません。私は先ほど「自分の頭で考えることは誰にでもできるはず」と言いました。確かに、単に考えるだけなら誰にでもできるかもしれません。しかし、その考え（た内容）が誤りである可能性はないのでしょうか。そして道徳判断が誤っているために、そこに道徳的善が認められない（それどころか悪を犯してしまっている）ということは起こりえないのでしょうか。

実はカント自身が、同様の問いを立てており、そこで彼は以下のように答えています。

> あることが義務であるかないかという客観的判断においては、確かにしばしば誤ることがありうる。しかしながら、

私が客観的判断のために、そのあることを私の実践的理性〔ここでは、〔それが正しいのかどうかについて〕裁く〔実践理性〕〕と比較したかどうかという主観的判断においては、私は誤りようがない。

（『人倫の形而上学』）

ある人が、バスに乗ろうとしているおじいさんを見ても、自力でバスに乗れないこともないし、過剰に手を貸そうとするのは本人のためにならないと考え、むしろ手を貸すべきではないと判断したとします。このような意見は少数派であり、大多数の人は別様に考えるかもしれません。だとすれば、手を貸すべきではないという判断は客観的には誤りであるように見えます。しかし、カントが関心を向けるのはそこではなく、〔定言命法によって客観的な視点に立った上での〕主観的な正しさへの確信の有無なのです。

あらゆる可能な行為について、それが正しいか、正しくないかを知ることは必ずしも絶対に必要なことではない。しかし、私がなそうとしている行為は、私はそれが不正でないことを判断し、思念しなければならないだけでなく、それをまた確信もしなければならない。

（『たんなる理性の限界内の宗教』）

車いすのおじいさんの例に絡めてさらに付言すれば、そこに事実誤認があり、実際には、おじいさんは自力ではどうやってもバスに乗れなかったということがあるかもしれません。だとすれば、「おじいさんは自力でバスに乗れる」という判断のうちには誤謬《ごびゅう》（勘違い）があったことになります。しかし、それは道徳的な落ち度（道徳性を否定するような落ち度）ではないのです。繰り返しになりますが、その人の能力的な至らなさ（もしくは「限界」と表現してもよい）、具体的には、知識不足や、判断力不足によって、道徳的善性が損なわれてしまうようなことは起こりえないのです。

ただ、私がこのようにして主観的な正しさへの確信の重要性について語ると、学生から、極端な例を盾に、例えば、大量殺人でも本人がその行為の道徳的な正しさを確信している場合には正当化されるのか云々といった類いの問い（批判）を受けることがあります。この種の問いについては後ほど（第六章四節）改めて取り上げます。

とにかく、道徳法則でないものを道徳法則と見なしたり、反対に本来、道徳法則であるものを道徳法則ではないと結論づけるといったことはありえないのです。その道徳法則の持つ特徴が以下の詩的な文面のうちによく表れていると思います。

それについてしばしば思いを馳《は》せ、かつ、その状態が続けば続くほど、常に新たに、そして、一層の感嘆と畏敬の念を持って、心を満たすものが二つある。すなわち、我が頭上なる星繁き天空と、我がうちなる道徳法則がそれである。

（『実践理性批判』）

道徳法則は、星に満ちた天空と同様に、感嘆と畏敬の念を私たちに抱かせる対象であることが語られているのですが、それと同時に、うちなる道徳法則と、その外に広がる星に満ちた天空のコントラストにも目を向けることができます。私の頭上にある星に満ちた天空は、私とは独立に存在するものであり、そのため私はその星の動きについて計算違いを犯すことがありえます。他方で、道徳法則とは、それぞれの人のなかでのみ存在しうるのであり、その人のうちにしか存在しえない道徳法則がその人にとって誤りであるということはありえないのです。

三節　うまくいかないこともあるのではないか

私は道徳的善のために必要な要件として、①自分の頭で考えること、そして、②非利己的に純粋な動機から行為することを挙げました。そして、どちらも意志しさえすれば必ず実現するものであることを断りました。前節において①について掘り下げて論じたので、本節では、②の非利己的に純粋な動機から行為することの意味と、なぜそれを仕損じることがないと言い切れるのかについて説明していきたいと思います。

①の手続きを経て、道徳法則を導くことができたとしても、その先に二つのことが問われることになります。ひとつは「『道徳法則に従う』ことができるかどうか？」であり、もうひとつは「それを『それが道徳法則であるために』なすことができるかどうか？」という点です。後者の「それが道徳法則であるために」というのが、「非利己的に純粋な動機から行為すること」と同義になるのですが、この説明だけでは抽象的過ぎてよく分からないと思います。以下に噛み砕いて分かりやすく説明していきます。

まずは「道徳法則に従う」ということの意味について確認したいと思います。例えば、車いすに乗っているおじいさんに手を貸すべきであることを自覚していても、同時に「めんどくさい」「そんなことしたくない」などと思うかもしれません。それ自体は恥ずかしいことでも何でもありません。自然とそういった感情が湧いてきてしまったとすれば、それはどうしようもないことと言えます。問題は、そのような利己的な感情を理性によって超克できるかどうかなのです。

そこで仮に利己的な感情に打ち勝ち、車いすのおじいさんに手を貸すことができたとします。するとそこに直《ただ》ちに道徳的価値が認められるのかというと、そうではありません。なぜなら、先ほど挙げた「めんどくさい」「そんなことしたくない」という感情とは別の、例えば、「自分の評価を上げるために」「見返りを求めて」といった利己的な感情によって道徳法則に従うこともありうるからです。もしそうだとすると、それは「道徳法則に従う」行為であるものの、「それが道徳法則であるために」なされた行為とは言えないことになります。利己的な感情を一切含まず、それが道徳法則であることを理由になされた行為が「それが道徳法則であるために」なされた行為と称され、道徳的輝きが認められるのです。つまり、道徳的善とは、行為が「道徳法則に従う」ものであり、動機が「それが道徳法則であるために」発している必要があるのです。

ここまでの話から分かることは、人は自分の好き勝手に振る舞っている限り、道徳的善は実現しないということです。とはいえ人間とは元来、利己的な感情を持っているものと言えます。それに対抗するにはどうしたらいいのでしょうか。

そこでカントは理性、より具体的には理性に発する意志が必要であることを説くのです。彼はそのような道徳的善を可能にする意志を「善意志」と称し、以下のように表現しています。

> この世界において、それどころか、およそこの世界の外においてさえ、無制限に善いと見なされうると考えることができるのは、まったくもって善意志のみである。
>
> (『人倫の形而上学の基礎づけ』)

少し大げさな言い方がされていますが、つまるところ、善意志のみが無制限に善いものであるとカントは言っているのです。それが意味するところは、それ自体で道徳的価値を有するということです。

> 善意志は、それが実現する、あるいは達成することによって、また、それが何かある掲げられた目的に役立つことによって善いのではなく、ただそれを意欲することによってのみ、すなわち、それ自体において善いのである。（同前）

善意志から行為したからといって、残念ながら、その行為が望ましい結果をもたらすとは限りません。単にプラスにならないどころか、マイナスに働いてしまうことだって考えられます。例えば、こちらは車いすのおじいさんに手を貸そうとしたものの、結果的には誤って迷惑をかけてしまうことも十分に起こりえるのです。しかし、もしその行為が善意志に発していたならば、それによってもたらされた結果にかかわらず、その者の行為には道徳的な輝きが認められるのです。

善意志は、宝石のように、まことにそれだけで、十分な価値を自分のうちに持ち、光り輝くのである。役に立つとか、あるいは成果がないということは、この価値に何も増さず、また、何も減じないのである。（同前）

これまでに、道徳的善への道は万人に常に開かれており、する意志はあったのに仕損じてしまうということは決して起こりえないことを断ってきましたが、それがそう言い切れるのは、結果という偶発性の伴う要件が道徳性の基準の埒外《らちがい》に置かれているためなのです。

四節　「よさ」の多義性

そこに発した行為がいかなる結果や影響をもたらそうとも、善意志それ自体が道徳的善性を有するのです。そのためそれは「無制限的に善い」と表現されるのです。対照的に、それ自体では道徳的価値を持たずに「制限的に良い」ものも存在します。それはつまり意志が道徳的に善である場合にのみ、良い方向に発揮されるもののことです。カントはそのような制限的に良いものの具体例として図２（次ページ）の三つを挙げています。

これら三つの良さは、アリストテレスが「卓越性」と称するものとほぼ重なり合うと言えま

図2　卓越性

能力的な（才能における）良さ	理解力、機智、判断力など
性格（気質）の良さ	勇気、果断、根気など
幸福の要件に関わる良さ	権力、富、名誉、健康、満足など

す。そのため本書では、以下これら三つの良きものをひっくるめて「卓越性」と表現していくことにします。

私が「卓越性のうちには道徳的価値はない」という話をすると、早まって「ではあなたは自分が手術してもらうときに医者に卓越性が欠けていてもいいのか？」「医者が手術に失敗してもいいのか？」などと食って掛かってくる人がいるのですが、それは誤解です。カントは、そして私も、卓越性について、そこに「良さ」（gut）であり、「望ましさ」（wünschenswert）を認めています。ただ、それらの良さは卓越性に関する良さであり、道徳的な善さとは同じではないと言っているのです。

制限的良さを持つ卓越性と、無制限的な善さを持つ善意志であるところの道徳性との間の差異については、一代で大企業に育て上げたトップのような人をイメージすると分かりやすいかもしれません（図2）。その人は、バランスにばらつきはあるものの、総じて「能力（理解力、機智、判断力など）」「性格（勇気、果断、根気など）」「幸福の要件（権力、富、名誉、健康、満足

自体は、その知人の人格を手段としてのみ見なしていることを意味しておらず、倫理的非難の対象にはなりません。カントが戒めるのは、他人に対して、例えば「あいつは俺のＡＴＭだ」と見なし、そのように扱うことなのです。

もう一点は、人格を手段としてのみ使用してはならないのは、他者の人格のみならず、自分自身の人格に対しても当てはまるという点です。自分の人格をぞんざいに扱うことは許されないのです。例えば、自覚的に、我欲を満たすことのみを人生の目的に据えるような人間は、自分自身の体なり、人格なりをそのための手段としてのみ使用していることに他ならないのです。そして、このような人間は、必然的に他者も自身の欲望を満たすために利用しているに過ぎないことになるのです。

ここで私が指摘したいことは、他者の内面を知ろうと努力することの重要性です。つまり、一方的に決めつけるのではなく、さまざまな可能性について考えを巡らしながら、相手の言い分に耳を傾けることの大切さです。ただ同時に、ここには限界があることについても十分に自覚しておく必要があります。

他者が人格を単なる手段としてのみ見なしているのかどうかについて、私は推測することならばできます。例えば、自分が困ったときしか私のもとに来ないような人間は、私のことを困ったときに助けてくれる便利屋くらいにしか思っていない可能性が高いと言えます。問い詰めることもできますが、しかし、相手は本当のことを言わないかもしれません（その可能性の方が高いでしょう）。または、相手はうそをつくつもりなどなかったとしても、真意が伝わらないということも考えられます。さまざまな理由から、他者が「目的の定式」に背いているのかどうか、つまり、道徳的非難に値することをしているのかどうかについて、私は断定することができないのです。

同じことは「普遍化の定式」に関しても当てはまります。他人の内面についてはっきり知りえない以上、道徳性についても判定することはできないのです。私たちはそれを知りえない以上、他人の道徳性について決めつけることはできないのであり、また、すべきでないのです。

六節　道徳性が問われる状況と、そうでない状況がある

定言命法の「普遍化の定式」に話を戻しますと、カントは非利己的で純粋な善意志のうちにのみ道徳的善性が宿ると考えているのです。しかし、この点に関して、ひとつの疑問が生じるかもしれません。——つまり、私たちは常に、いかなるときも、非利己的で純粋な善意志から行為するよう努めなければならないのでしょうか。もしそうだとすれば、そこに自身の幸福を追い求めることを許す余地はないことになるのではないでしょうか。そして、それはあまりに

禁欲的過ぎないでしょうか。

それに関連して、もし自分のために行為してしまった場合、その行為は直ちに道徳的悪となるのでしょうか。私たちは生きていれば、「もっと寝ていたい」「遊びたい」「食べたい」「飲みたい」といった欲求を抱きます。これらの感情に従って行為することが利己的であるがために即、道徳的悪であると言うのであれば、それはあまりに厳し過ぎないでしょうか。私たちは日常生活において道徳的に許されないことばかりしていることになってしまいます。

そして、もしカント倫理学が本当に、あまりに禁欲的で、厳格な立場であるとすれば、先ほどから私が言及している「道徳的善の扉は万人に、常に開かれている」というカント倫理学の魅力とやらが霞《かす》んでしまうことになるでしょう。道徳的善をしたくてもできない、それどころか不可避的に悪ばかり犯してしまうことになるのです。

結論としては、カントは一挙手一投足において非利己的で純粋な善意志から行為するよう努めることも、それをなさないような場合に即、道徳的悪のレッテルを貼るようなこともしません。ここで注意すべき点は、道徳性が問われる状況と、そうでない状況があるということなのです。カント自身は以下のような言い方をしています。

およそ道徳的に関してどうでもよいもの（adiaphora）を何ひとつ認めず、歩みを進めるたびに義務を、まるで盗賊を捕まえるために地上に罠《わな》を仕掛けるがごときにまき散らし、そして、どちらでも口に合うのに、「肉を食べるか、魚を食べるか」「ビールを飲むか、ワインを飲むか」といった問いをどうでもよいことと見なさないような人は、「空想的に有徳なる人」と呼ぶことができよう。もっとも、こうした議論は、枝葉末節な小理屈であって、それが倫理学のなかに取り入れられようものなら、徳の支配の専制的な圧制に化してしまう。

（『人倫の形而上学』）

私たちは、やろうと思えば、ほとんどすべての事柄について、倫理的な問題として捉えることができるでしょう。例えば、朝起きれば顔を洗いますが、これは公共の福祉に関わるだとか、トイレに行くのを我慢するのは健康によくないことであり、自分の体を粗末に扱うのは倫理性の毀損にあたるだとか、強弁できないことはないでしょう。しかし、それは「空想的有徳」であり、「誤った有徳」であり、「徳の支配の専制的圧制」であり、そんなことはすべきでないとカントは言っているのです。私たちの周りには道徳に関わらない状況というものがあり、そこでなされた行為は道徳的に善でも悪でもない、「道徳的に無記なる行為」（adiaphora）と呼ばれるのです。

カントはそれに関連して、以下のようなことも言っています。

人々は幸福に対する欲求を放棄すべきであるということではなく、単に義務が問題となる場合には幸福を顧慮すべきでないということである。

（『実践理性批判』）

カントが非利己的で純粋な善意志から行為すべきことを求めるのは倫理的義務が問題である状況に限った話であり、それ以外の道徳性が関わらない状況下においては、私たちは自身の幸福を求めても構わないのです。先のカントが挙げている例に絡めて言えば、基本的には肉を食べたければ食べればいいし、ビールを飲みたければ飲めばいいのです（肉を食べることが倫理的問題となるケースについても、後ほど第四章で改めて触れることにします）。

さらに言えば、道徳性が関わらない状況においては、自身の幸福の確保に努めることが単に許されるというだけではなく、むしろ、それを積極的に追い求めるべき義務とすら考えられるのです。カント自身、先の引用文の直後において、以下のように述べています。

その上、ある点においては、この幸福に配慮することは義務ですらありうる。一部には幸福（これには熟練、健康、富が含まれる）が、彼が義務を遂行するための手段を含むがゆえであり、また一部には幸福の欠如（例えば貧困）が、彼が義務に違反する誘惑を含むからである。

（同前）

人間というのは、自身が不幸な状態にあれば、他者のことや、倫理のことなどに考えが及ばなくなってしまう存在と言えます。例えば、自分が食べる物にも困っている状況であれば、自分が食べ物にありつけた際に、他者に食べ物を分け与えようなどという発想はなかなか出てこないでしょう。それどころか、本来は自分のものでなくとも、食べ物を目にした際には、それを奪ってでも食べたい欲求に駆られるのではないでしょうか。そういった状態、つまり、道徳的善をなすのが困難であり、道徳的悪を犯しやすいような状態に自らを置かないこともまた私たちの（間接的な）義務なのです[*6]。

要するに、私たちが非利己的で純粋な善意志から行為することが求められるのは、道徳性が問われる状況においてのみなのです。そして、それ以外の道徳性が問われない状況においては、私たちは自身の幸福を追求することが単に許されるのみならず、自身が不幸になることを避けるために、むしろ積極的に自身の幸福を確保する義務すらあるのです。

カント倫理学は、非利己的で純粋な善意志から行為することを求める点ばかりに焦点を当てて、あまりに禁欲的であり、厳格であり、そのため、履行しがたい、現実離れした理論として受け止められ、批判されることがあります。しかし、カントが道徳性の問われない状況を想定していることを考慮に入れれば、そのような批判にはそうそう結びつかないはずなのです。

七節　道徳的悪とは

前節の説明から、利己的に考え振る舞うことが、直ちに道徳的悪であるわけではないことがお分かりいただけたかと思います。では改めて、カントにとって、道徳的悪とはいかなるものなのでしょうか。まずはその所在について明らかにしておきたいと思います。カント自身が以下のように説明しています。

> 悪の根拠は、選択意志を傾向性によって規定する客体のうちにではなく、つまり自然衝動のうちにではなく、選択意志が自らの自由を使用するために自らに設ける規則のうちにのみ、すなわち格率のうちにのみ存することができるのである。
>
> （『たんなる理性の限界内の宗教』）

カントの言う「自然衝動」とは、例えば、条件反射的な動きや、不思慮の行為といった、理性が介在していない行為のことです。理性的な思惟《しい》を経ていない以上、その人は別様に振る舞う機会を逸していたということであり、そのためその人に道徳的責任は問えないのです。

また、先の引用文において、カントは格率について「選択意志が自らの自由を使用するために自らに設ける規則」と定義しています。つまり格率とは（自然衝動とは対照的に）必ず理性を通じて自らの自由な意志にもとづいて（つまり意識的に）立てられたものなのです。「自分でも気づかないうちに格率を立てていた」などという言い方は表現として不適切ですし、そのような状態で道徳的悪を犯すなどといったことも起こりえないのです。

ここまでの説明によって、道徳的悪の所在が明らかになりました。すなわち、理性に発する意志の格率のうちに存するのです。では、道徳的悪の具体的な姿はどうなのでしょうか。カントは以下のように表現しています。

> 道徳的に反法則的なものだけがそれ自身として悪であり、絶対に排斥されるべきものであり、根絶されなければならないものなのである。（同前）

道徳的悪がなされるには、まず道徳性が問われる状況であることが前提となります。先ほどから挙げている飲食の例に絡めて説明すると、特別な理由でもない限り、普段は自分が食べたい物を食べ、飲みたい物を飲んで構わないのですが、しかしながら、後で自分が車を運転しなければならないことが分かっているのであれば、そこでアルコールを口にするかどうかということは倫理的な問いとなります。説明するまでもないと思いますが、アルコールを摂取した直後に車を運転することは、事故を起こす可能性を高め下手をすれば人の命を奪ってしまうことにもなりかねないためです。これが道徳法則に反しないことを強弁するのはかなり無理があると思います。もし利己的な理由から、反法則的な原理を採用するようであれば、それは道徳的悪と見なされるのです。

ここで道徳的悪の条件を挙げておくと、道徳性が問われる状況であることを前提として、①利己的な動機から、②自覚的に、③道徳法則を犯すこと、という三つの要件を満たすものとして理解することができるかと思います。*7 砕けた言い方をすると、カントにとってそれは、本来なすべきではないことと頭のなかでは分かっているのに、自分の欲求に負けて、それをなしてしまうことなのです。

それを避けるために有効なことは、その悪性について誤魔化さずに、思考停止せずに、正視し続けることなのです。感情は正視したがらないかもしれません。しかし、感情に流されてはならず、理性を用いて、誘惑に打ち勝つ強さが求められるのです。それは決して簡単なことではありません。だからこそ悪に陥ることが可能な状況で、それを踏《ふ》み留《とど》まることができれば、それは賞賛に値する、場合によっては道徳的善に相当するのです。先ほどアルコールを口にすることが道徳的悪にあたる可能性について言及しましたが、反対に、アルコールを摂取しないことが道徳法則であると自覚し、利己的な都合を捨象して、それが道徳法則であることを理由として（つまり善意志から）踏み留まったのであれば、そこには道徳的な輝きが認められるのです。

八節　まとめ

私たちには道徳的善をなすことが求められます。とはいえ、ひと時も休まず道徳について考え、行動しなければならないわけではありません。私たちは普段の生活において、例えば、散歩をするか、映画を観《み》るか、それとも寝るか、といった問いを倫理的な問いとは見なさないでしょうし、それでいいのです。その上で取捨選択された行為は道徳的無記、すなわち、道徳的に善でも悪でもない行為に分類されるのです。

他方で私たちは、否《いや》が応《おう》でも倫理的な問題として自覚せざるをえない事態に直面することがあります。例えば、散歩していて困っている人を目にしたのであれば、自分が何をすべきかということは倫理的問題として捉えざるをえないでしょう。

道徳性が問われている以上は、道徳的善をなすことが求められます。そして、そのためには、

図3　道徳法則にまつわる、道徳的善の三条件

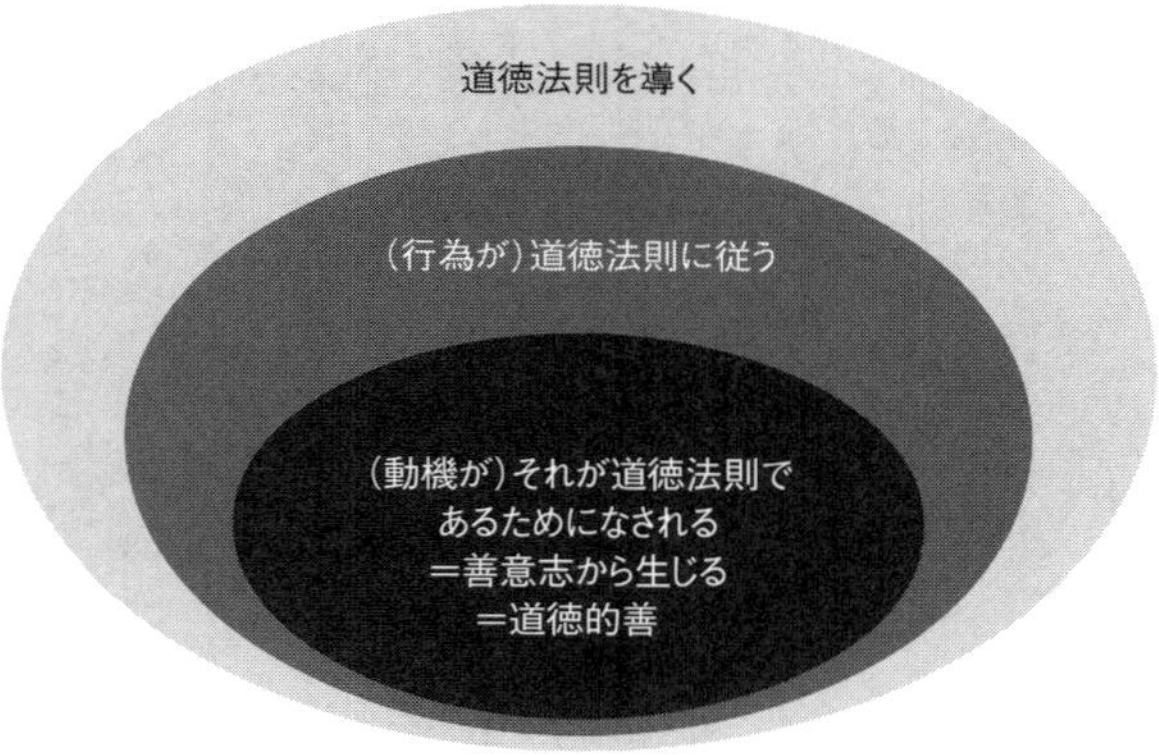

道徳法則に則っている必要があります。道徳法則というのは、モーゼの十戒のように、すべきこと、または、すべきでないことが、どこかに明記されているわけではありません。誰かが決めてくれるわけではなく、自分が考えて導く他ないのです。その導出に際して、万人が共通して導くはずであり、また、導くべきであるという意味での「正解」「不正解」はありません。それはどこまでいっても私にとっての道徳法則なのです。ただし「私」という主観のみからは、客観的である道徳法則は導かれえません。客観性を取り入れることを可能にする装置が、定言命法なのです。すなわち、まず自らの格率が普遍化された場合、つまり、自身の行為原理をみんなが遵守した場合を想像してみるのです。もしその世界が私にとってではなく、みんなにと

って望ましいものであると判断されたのであれば、その実現に努めることが道徳法則に適《かな》うことであり、私がなすべきことなのです。

ただ、私によって導かれた道徳法則を私が履行しただけで、直ちに道徳的価値が見出されるというわけではありません。なぜなら、動機が利己的、つまり行為は客観的な視点から導かれているものの、動機が主観的であることも考えられるからです。同じ困っている人に手を差し伸べる行為にしても、「見返りを求めて」や「人気取りのため」といった自分の都合に発している限り、その動機は道徳的に善いものであるとは言えません。行為が非利己的で純粋な善意志に発したときにのみ、すなわち、それが道徳法則であるがためになされた、つまり動機が主観的でないときにのみ、道徳的な善性が認められるのです（前ページ図3）。

また定言命法には「普遍化の定式」以外に「目的の定式」があります。それは、人格を単なる手段として用いてはならないことを命じるものです。これは「普遍化の定式」とまったく別の定式などではなく、補足する形のものであり、重なり合うものなのです。なぜなら、人格を単なる手段としてのみ見なすことは、「普遍化の定式」に照らし合わせても、許容されえないであろうからです。「普遍化の定式」と「目的の定式」とで道徳的悪の像が違うというのでは都合が良くありません。いずれに鑑みても悪の要件は同じで、①利己的な動機から、②自覚的に、③道徳法則を犯す（「目的の定式」の場合は、より具体的には、人格を単に手段としてのみ見なす）ことなのです。

ここまでの話から分かることは、自分の知らない間に道徳的善をなしていたり、道徳的悪を犯していたり、といったことは決して起こりえないということです。どちらも明確な意識を伴う意志によって可能となるためです。この点を高名なカント倫理学研究者であるオトフリート・ヘッフェは以下のように端的に言い表しています。

> 無条件的に道徳的に善い行為は善い格率に、そして、無条件的に道徳的に悪い行為は悪しき格率に起因する。前者の動機は道徳法則に対する意識的な尊重に、後者の動機もまた意識的な離反に根差すのである。
>
> （『自由の哲学—カントの実践理性批判』）

それに関連して、本人は道徳的善をなすつもりであったのに、能力、才能、知識、運といった偶発的な要素によって道徳性が認められない、ましてや悪を犯していたといったこともありえません。意志を発揮する権能は万人に備わっているのであり、それは「やろう」とさえすれば、必ずできるものなのです。この「道徳的善への道は万人に、そして常に開かれている」という、その確実性に私は魅力を感じるのです。

第一章　ビジネス倫理

カントは東プロイセンの首都であるケーニヒスベルク（現ロシア連邦カリーニングラード）という町でほぼ一生を過ごしました。この町はバルト海に面した港町であり、当時から多くの国のたくさんの商人が行き来していました。そんな商人たちとカントは好んで交流しました。英国出身の商人ジョセフ・グリーンとは特に親しく、ほぼ毎日顔を合わせ、さまざまなテーマについて議論したといいます。その影響からか、カントの著作には商人の振る舞いを例に、その倫理性について語っている箇所があります。その記述を手掛かりに、私たちが抱えるビジネスに関する倫理的問いに対して何が言えるか考えていきたいと思います。

一節　商人はなぜ客を騙《だま》さないのか

カント自身が定言命法（「普遍化の定式」）の運用の仕方について、商人の振る舞いを例に挙げて説明している箇所があります。そこでは以下のような例が挙げられています。

商人が不慣れな客に法外な高値をつけないことは、いうまでもなく義務に従った行為である。そして、売買がさかんに行われているところでは法外な高値をつけることは利己的なずる賢い商人でもやらず、普通の定価をすべての人々に対して保つ。それゆえ子供でさえも、あらゆる他の人々と同じように物を買うことができる。そこでは人々が公正に取り扱われるのである。しかし、このこと〔＝商人の振る舞いが義務に従っている〕だけでは甚だ不十分であって、このことを理由として、この商人は義務と公正の原則にもとづいて行為したと断定することはできない。

（『人倫の形而上学の基礎づけ』）

カントはここで、「義務に従った」という言い方をしています。これは「道徳法則に従った」と同じことです。つまり、ある格率をみんなが遵守した世界が望ましいと判断した場合、それによって履行される行為は「義務に従った」のであり、また「道徳法則に従った」のです。ただしカントは、それだけで道徳的善性が認められるわけではないと言います。というのも、その商人は、例えば「無知な客を騙したことがばれてしまい、それによって自分が信用を失い、客が来なくなっては困る」といった、利己的な理由からそうしているかもしれないからです。先の引用文においてカントが「商人は義務と公正の原則にもとづいて行為したと断定することはできない」と言っていたのは、そのためであり、つまり、外からは相手の動機の中身がはっきりしないためだったのです。

たとえ、行為自体が義務や道徳法則に従うものであったとしても、動機が利己的である限り、その行為には道徳的価値は認められません。反対に、動機に利己性が介在しておらず、善意志に発しているときにそれは認められるのです。

カントはそのようなケースについても「義務」という用語を用いて、以下のように表現しています。

> 行為が、あらゆる欲求なしに、もっぱら義務から実行された場合、そのときはじめてその行為は真正な道徳的価値を持つのである。（同前）

カントはここで、「善意志から」の同義語として、「義務から」という表現を用いています。この二つに加え、「それが道徳法則であるために」という言い方も含めて、すべて同じことを指しています。すなわち、「非利己的で純粋な動機から」ということであり、そこに道徳的価値が認められるということです。

カントは私たちがどのように振る舞うべきかについて、「義務」という用語の二義性がはっきりと分かる形で、以下のように表現しています。

義務から、義務に従った行為をなせ。

（『人倫の形而上学』）

「義務に従う」という表現は、行為が道徳法則に合致していることを指し、それは道徳的善の必要条件となります。ただし、十分条件ではありません。義務に従った行為が、非利己的で純粋な意志から、つまり、義務からなされて、はじめてそこに道徳的な輝きが認められるのです。

カント倫理学は、義務概念が道徳性の鍵を握るために「義務論」とも呼ばれます。また、動機が道徳性の試金石となるため、「動機主義」とも称されます。どちらもカント倫理学の性格を的確に言い表した表現と言えます。

二節　企業の上層部が利己的で何が悪い

大企業のトップ、幹部、官僚、みんな人並みすぐれた能力に恵まれた人たちばかりです。それなのに、なぜ不祥事や汚職が後を絶たないのか。それは、才を私物化してしまったからにほかなりません。自分に備わる能力を天からの借り物ではなく私有物と考えて、公の利でなく、私利私欲のために発揮したからなのです。

（稲盛和夫『生き方』）

道徳的価値は、非利己的で純粋な善意志からの行為、すなわち、義務からの行為のうちに認められるという主張は極めて明快で、また内容的にも多くの人が（大枠において）受け入れられるものだと思います。

しかし、このようなカント倫理学の主張に対して、企業の役割という側面から考えると、異論が上がるかもしれません。例えば、客の立場からすると「商人が利己的であろうが、非利己的であろうが、ちゃんと仕事さえしてくれれば私は構わない」といった声が上がるかもしれません。または、企業人からは「企業とは利益を追求するものであり、倫理を追究するためのものではない」といった異論が出るかもしれません。

もし、企業が利益を追求することを目的とするのであれば、そこで有効になるのは、先ほどから話に出てきている定言命法ではなく、仮言命法《かげんめいほう》になります。仮言命法とは定言命法（「普遍化の定式」）の対概念であり、それについてカントは以下のように説明しています。

仮言命法は、私たちが欲するところの（あるいは、私たちが欲することが可能であるところの）ある別なものに到達する手段としての可能的行為の実践的必然性を提示する。

（『人倫の形而上学の基礎づけ』）

「ある別なもの」とは道徳的善とは別なもの、つまり、自身の幸福に到達することであり、仮言命法はその手段として有効であることが説かれているのです。

ここで「仮言命法によって自身が幸福に近づけるのならそれでいいじゃん」と思った人がいるかもしれません。確かに、倫理に関係のない状況においては、それで何の問題もないでしょう。しかし、倫理に関係のある状況においてまで仮言命法だけで済ませようとするならば、その人は自らの利己性に足をすくわれることになるのではないでしょうか。というのも、想像してみてほしいのですが、もし企業の上層部が仮言命法的な発想でしか企業経営をしないとすれば、それはつまり、彼らは自らの欲求を満たすためにしか動かないということを意味するのです。彼らはそのことを人前で口に出すことができるでしょうか。もしくは都合が悪いからと黙っているのでしょうか。その点を問われたらうそをつくのでしょうか。そして、そういった姿勢で、本当に社員や顧客の立場に立って考えることができるのでしょうか。私は懐疑的な目を向けます。

私は、そして、おそらくカントも、企業が利益を追い求めることを目的に据えること自体を否定しているわけではありません。ただ「何のための利益追求なのか」という点に関心を向けるのです。「単に自分のため」という狭い射程しかないのか、それともそれを超えたものがあるかという点です。

一般論として、本当に理性的に仮言命法に則って振る舞っているうちは、確かにそこに結果がついてくるかもしれません。ただ、もしその者が利己的にしか考えないようであれば、次第に感情に支配され、理性が機能しにくくなるのではないでしょうか。それでは事態を正しく把握すること、冷静な判断を下すことは困難となるでしょう。自己愛というのは程度を超えると往々にして自身にとって不都合な結果を招くものなのです。

ここまで企業のなかでもとりわけ上層部の人間を念頭に説明を加えてきましたが、私が彼らに焦点を当てるのには理由があります。というのも彼らには倫理的事柄に関心を払う一層の義務があるからです。彼らは一般社員に比べて、権力（発言力、影響力）を持っていると言えます。カントはそこに制限的な良さを見出します。そして、その制限的な良さは、善意志という絶対的な善によって、はじめて良い方向に発揮されるのです。もし彼らが高い理念を持っていれば、一般社員の比ではない、強い影響があるはずです。だからこそ、そういった人の上に立つ立場の人こそ、本来、高い倫理観が求められるのです。

三節　社員や顧客をどう扱うべきなのか

定言命法の普遍化の定式に鑑みて、もし企業の上層部が自分の利益のためだけにしか動かないとすれば、その負の影響は末端社員と比べものにならないほど甚大なものとなります。道徳的善をなすことができないだけではなく、（本来は結果を求めていたはずなのに、自分の強烈な利己性に足をすくわれ）結果という面にも暗い影を落とすことになるのです。本節では「目的の定式」に鑑みても同じ帰結となるという話をしたいと思います。

ここに改めて「目的の定式」を引用しておきます。

汝は汝の人格、ならびに、あらゆる他人の人格における人間性を常に目的として使用し、決して単に手段としてのみ使用しないように行為せよ。（同前）

この定式は、人格を単なる手段としてのみ用いてはならないことを説いているのですが、①このことは手段としても用いてはならないことまでは意味していないということ、そして、②我欲を満たすために生きるべきでない、ということが念頭に置かれている点についてはすでに指摘しました。

その上で、もう少し掘り下げて考えてみたいと思います。まず、根本的な疑問なのですが、「私は他者の人格を単なる手段としてのみ用いる」と決意して行動しているような人など本当にいるのでしょうか。少なくとも私はそう公言する人をひとりとして知りません。なぜそのようなことを言う人がいないのかというと、それはあまりに利己性丸出しの言明であるためだと思われます。とはいえ、本当は内心ではそう思っているものの、口に出さないだけなのかもしれません。もしそういうことであれば、その者は、利己的な理由から、自覚的に、普遍的な視点から受け入れられない原則を採用している可能性が高く、もしそうであれば、前章最後に挙げた、道徳的悪の三つの要件を満たしていることになるでしょう。

　他方で、表現を少し変えて、「私は自分のためだけにしか動かない」と自覚し、かつ、実際にそう発言する人ならば、ある程度の数、存在するのではないでしょうか。実際、私自身がそういう人を知っています。自身の幸福が最高善であると説くアリストテレスを研究している古い知人は、恥ずかし気もなく「人間なんて自分のためにしか動かないものである」と言い切ります。これは「私は自分のためにしか動かない」を含み、また「私は他者を自分のためにしか利用しない」と言っているのと同じことと言えます（私は彼に親切にしてもらっても、その都度「ああ、でもこの人は結局自分の都合、見返りか何かを期待してこうしているのだろうなあ」と思ってしまうのです。仕方ありません。本人がそのことを公言しているのですから）。

　この場合は、堂々と自分の立場について語っていることから、発言者は自分の格率が普遍的な視点からの吟味にも耐えうると信じている可能性があります。もしくは、信じているわけではなくとも、軽率に発言してしまう程度に、自らの言明の意味についてよく理解していない可能性が高いと言えます。だとすれば、その利己性は強力であるものの、自覚的に道徳法則に反しているわけではなく、そのため、その者は道徳的悪を犯しているとまでは言えないことになります。

ただし、このような利己性を最優先することを宣言してしまう、そして、おそらく本当にそれを忠実に行動に移しているであろう人間というのは、やはり人望を集めることが難しく、むしろ疎まれ、結果として自身が幸福になることを自ら困難にしているのではないでしょうか。

これは多少逆説的な言い方ですが、自分が幸福になることばかり考え、それに囚《とら》われてしまっているような状態では、自分が実際に幸福になることは困難であり、反対に、そういったことに囚われずに行為できる状態ほど、実際には幸福な生き方をしていると言えるのではないでしょうか。

四節　道徳的善のために必要な根拠

話を再び、定言命法の「普遍化の定式」に絞りたいと思います。それは、ある格率をみんなが遵守した世界が望ましいものであるかどうか吟味する思考実験のことでした。ここで誤解のないように断っておきますと、そこでなされる「望ましい」「望ましくない」という判断は、直観や感情によって「何となく」下されるものではなく、理性にもとづく明確な根拠を持ったものでなければならないのです。

カント自身は以下のように表現しています。

> 自分の理性を用いるということは、私たちの〈自身がどうするべきかに関する〉仮説について、次のことを自分自身に問うことに他ならない。つまり、私たちの仮説の根拠、あるいは、私たちの仮説から帰結する規則を、その理性使用の普遍的原則とすることができるかどうかを自分自身に問うことである。
> （「思考の方向を定めるとはどういうことか」）

「みんなが則ることが望まれるから」とか「みんなが則ることが望まれないから」というのは根拠ではありません。ここで言う根拠とは、「なぜみんなが則ることが望まれると言い切れるのか」または「なぜみんなが則ることは望まれないと言い切れるのか」という点を問うているのです。

カントは根拠となりうるものの具体例として、「自己の完成」と「他者の幸福」を挙げています。一応断っておきますと、あくまで「自己の完成」や、「他者の幸福」のために努めることが求められているのであって、それが成就しなければ義務をなしたことにならない、ということではありません。例えば、「自分の能力を伸ばすために学校に行く」とか「世の中の人々に喜んでもらうために仕事をする」といった格率を立て、それを善意志から履行したのであれば、本当に自身の能力が陶冶されなくとも、人々が喜ばなかったとしても、それらの結果は行為者の道徳性を減ずる理由にはならないのです。

考えてみると、これら「自己の完成」と「他者の幸福」は、根拠であるとともに、目的であるとも言えます。[*8] そのためカントは、これらについて「義務であるところの目的」という言い方をするのです。「なすべきこと」は義務であり、目的なのです。

私たちはいつでも簡単に根拠であり、義務でありを導くことができればよいのですが、残念ながら、そうもいかないことがあります。モラルジレンマと言われるようなケース、つまり、二つ以上の義務が衝突しているように見えるケースに遭遇すること（してしまうこと）があります。例えば、私自身よく抱えるジレンマは、私は家族がいるからこそ、仕事をしなければならないのですが、しかし、仕事を優先するあまり家庭を蔑ろにしては本末転倒です。または、この本を執筆しながらも、「パパ遊んで」と言うまだ幼い我が子に、少しひとりで遊んでいるように言うこともあります。そこだけ切り取れば、私は自分の子供よりも自分の本を優先しているようにも見えます。日々、そうしたことで私は自分自身と葛藤するのです。

カントはこのような、複数の義務が衝突する（ように見える）ケースがありうることを想定して、そこで私たちがどうするべきかについて述べているのですが、そこでも試金石となるのは根拠なのです。

このような二つの根拠が互いに矛盾する場合には、実践哲学は、より強い責務が優位を占める（fortior obligatio vincit）とは言わずに、より義務づけの根拠が場所を占める（fortior obligandi ratio vincit）と言うのである。

（『人倫の形而上学』）

序章二節において、人は少なくとも主観的には道徳判断を誤ることはないという話をしました。同様に、複数の義務が衝突するように見える状況下において、どちらが（もしくは、どれが）より強い義務づけの根拠を持つかという問いに関して、万人が則らなければならなくて、その判断をミスした場合には道徳的価値が認められないという意味での「正解」「不正解」は存在しないのであり、そのため判断を誤る可能性も、少なくとも主観的には排除されているのです。行為者本人が、そこに根拠を見出し、それを義務と見なし、義務から行為したのであれば、そこには道徳的輝きが認められるのです（他人が、後からそれに対してどうこう言おうとも、その善性は不変なのです）。

五節　結果のために有効な根拠

定言命法に根拠が不可欠である話をしましたが、仮言命法にもまったく同じことが当てはまります。

仮言命法とは、自身が幸福になるために発せられる命令のことでした。カント自身の挙げている例を紹介すると、「自身が幸福になるためには、健康になるべし」という命令です。また、健康になるためには、摂生、倹約、丁寧さ、自制が求められます。これらのことについてカントは普通、親が子供に学ばせようとすること、習熟させようとすること、という言い方をしていることから、カントの例に沿って健康に関わる学問を挙げるなら、この場合は、医学や栄養学のようなものをイメージすると分かりやすいかもしれません。実験や観察を通じて、どのような摂生が、どのような影響を及ぼすか明らかにした論文は、私たちが健康になるための参考となるはずです。その場合、論文の内容は根拠となるわけです。

根拠がしっかりしていればいるほど、結果が伴う可能性が高いと言えます。しかし、ここで私が強調したいのは、むしろその反対で、根拠がしっかりしていたとしても、必ず結果が伴うわけではない点です[*9]。そのためカントは、定言命法は確実に道徳的善ができるためにより強制力のある「命令」である一方、仮言命法に関しては必ず結果が伴うわけではないので、「仮言命法」という名前がついているものの、厳密には「規則」や「助言」に留まるとしています。

要するに、意図したような結果がもたらされなかった場合に、根拠や思考過程の方はしっかりしていたのに不運にも結果が伴わなかった場合と、そもそも根拠や思考過程に落ち度があったために結果が伴わなかった場合の二通りが考えられるのです。仮に会社内で部下のやったことに結果が伴わなかった場合、上司はこのうちのどちらなのかについて精査する必要が出てきます。

例えば、新型コロナウイルスが発生する以前に書いた企画書は、非の打ちどころのないものであったにもかかわらず、その後の誰も予想できなかったコロナウイルスの流行によって、実際のプロジェクトは失敗に終わってしまったというような場合、本来は企画書を書いた人間には落ち度はないはずです。ところが、もし上司が「結果がすべて」と言って、本来は批判のしようがないはずなのに、なんだかんだ理由をつけて、その部下を叱責するようであれば、その内容に中身があるはずもなく、批判は理不尽と言えます。反対に、過程の方はずさんで、企画書は穴だらけであったものの、結果的には運よく、プロジェクトがうまくいくということもありえます。そこでも上司が結果のみに目をやって満足し、何のアドバイスもしないようでは、本来は改善の余地があった部下はその点を修正する機会を失うことになるのです。[*10]

つまり、結果にしか目がいかない上司のもとでは評価基準が曖昧（偶発性の伴う結果のみに存する）であるため、結果が伴わなかった部下はしばしば過小評価され、他方で結果が伴った部下はしばしば過大評価され、そして、どちらも上司から過程のあり方については何も学ぶことができないのです。これでは単にどちらの部下にとってもためにならないだけではなく、組織のためにならないのです。

私は中身のある上司であれば、「結果がすべて」「私は結果でしか人を評価しない」などといった言明はするはずがないと思っています。例えば、名将の誉れ高かった野村克也《かつや》は、以下のようなことを述べています。

選手が自分なりの考えを示せば、結果は問わない。逆にヒットが偶然出た場合、「次につながらない」とあまり喜ばない。（中略）一度もバットを振らず三球三振に倒れても、「全部まっすぐを待っていたが、3球ともカーブが来た」と理由があれば怒らなかった。

（『野村の流儀─人生の教えとなる257の言葉』）

打者はなぜ直球を待っていたのでしょうか。その点が知りたいところです。例えば、これまでの対戦が直球中心であったのであれば、それは根拠になるでしょう。または、スコアラーが

「今日は直球が多い」と言っていたのであれば、それも根拠となりうるでしょう。監督が問うべきは、選手が根拠を持って行動したのかどうかなのです。その点には一切触れずに、ただ目に見える結果だけから「なんでカーブを待たなかったんだ」と言うだけでは結果論でしかありません。もし監督の側にカーブを待つべきであるという確信があったのであれば、それを事前にバッターに伝えるべきであり、その根底に流れる考え方についても論じるべきでしょう。そういった過程についてのやり取りが一切なく、後になって結果論をかざして批判するだけでは、そこには何の生産性もありません。

加えて、上司がもし、結果論を垂れるだけで、言葉から今後の指針となるものが伝わってこないのであれば、部下のうちに不快感だけが残るということにもなりかねません。もし、多くの部下がそういった不満を抱えるようであれば、その組織は機能不全に陥る恐れがあります。

ここまで話が進むと、ビジネス倫理というのは、とりわけ自分に部下がいるのであれば、教育に密接に関わるものであることが見てとれると思います。部下の内面に目を向け、その陶冶を図ることによって、つまり、人を育てることによって、結果（利益）が伴う可能性は高まっていくのです。本章の最後に、そのことを指摘する松下電器（現パナソニック）創業者の松下幸之助の言葉を引用しておきたいと思います。

松下電器は人を作る会社です。あわせて家電を作っています。

（ビジネス哲学研究会『決断力と先見力を高める──心に響く名経営者の言葉』）

これはカント倫理学の理念に合致する、そして、ビジネス倫理と道徳教育の結びつきを的確に言い表した至言であると思います。

六節　まとめ

本章ではビジネス倫理について取り上げましたが、並行して、カント倫理学における「根拠」の重要性について明らかにすることに力点を置きました。というのも私の目には、とりわけ日本において、根拠を持つことの重要性についてあまり自覚されていないように見えるためです。例えば、「それがルールだから」「今までもそうやってきた」といった言い方をする人がいます。そして、そういった発言を聞いた人たちの側は、異論を唱えるわけでもなく、むしろ、納得したような様子でいる場面に出くわすことがあります。しかし本来、なぜそれを今後もルールとし続けるべきなのか、なぜ今までのやり方を変えるべきではないかについての根拠がないのであれば、先の言明には説得力はないはずです。例えば、差別的なルールや既成事実があれば、修正すべきでしょう。それがルールであることや既成事実であることは、差別を存続させる理由にはならないはずなのです。

関連することとして、企業は利益を追求することが当然のことであるかのように見なされています。しかし、そこに根拠はあるのでしょうか。何のための利益なのでしょうか。例えば、闇雲な拡大路線で「目標売上○○円」「目標店舗数○○」といったアドバルーンを揚げたものの、そのために社員が無理をして疲弊してしまっては、本末転倒でしょう。むしろ、目標を達成するための足かせになるのではないでしょうか。

実際、私が学生の頃にアルバイトしていた飲食店でも目標店舗数が掲げられていました。私が店長になぜその店舗数が目標なのか尋ねると、それがその飲食店の最大店舗数であった（つまり当時は減少傾向にあった）からと言うのです。しかし、これも根拠になっていません。日本（大日本帝国）の最大領土が○○平方キロメートルだったとしても、それを回復することに大義がないのと同じです。その飲食店の社員は休日も出勤していて、常に疲労困憊《こんぱい》しているように見えました。結局、数年後にはその飲食店は倒産してしまいました。

似たようなことはいくらでもあって、読者の方自身も、例えば、「どうしても○○したい」とか「どうしても○○になりたい」と思い込んでいたものの、ふと気がつくと「なんであんなに躍起になっていたのだろう（自分でも分からない）」ということがあるのではないでしょうか。このような姿勢では、目標が達成されなければ当然のことながら喜べず、仮に達成されたとしても、それが多大な犠牲を払ったものであるにもかかわらず、大した実りを実感できず、また別の目標を立てる、といったことを繰り返す、回し車のなかのモルモットのような状態になりかねないのです。

カントは、まさにそういったことを避けるために、仮言命法を使用することによって、その場の感情、「何となく」といった抽象的なイメージ、短期的な利益などといったものに囚われて動くのではなく、理性的に明確な根拠にもとづいた長期的な利益を見据えた目標を立てるべきことを説くのです。会社の上層部が、社員が疲弊している、また、その現実が目に入らないような状態で、「もっと利益を!」「もっと店舗を!」といった方向に向かわないように。

考えてみると、この「社員を疲弊させてでも利益を追求すべき道理があるか?」という問いが、倫理的な問いでもあることが自覚できると思います。カントは道徳的善を追究することと、自身が幸福になることは矛盾しないと言います。それは仮言命法によって導かれる帰結と、定言命法によって導かれる帰結が、多くの場合一致するからなのです。

仮言命法のみならず、定言命法も根拠を必要とします。「普遍化の定式」であれば、格率の普遍化意欲可能性を問うわけですが、なぜそれが意欲可能であったり、不可能であると言えるのかについての根拠が必要となるのです。カント自身は、その根拠というのは、究極的には

「自己の完成」や「他者の幸福」に行き着くと言います。確かにこれらの重要性を否定するのは難しいでしょう。また「目的の定式」であれば、人格を手段としてのみ見なすようなことは許されない、それ自体が根拠となるのです。これもまた否定する人はいないと思います。もはや公理のようなものと言えます。

序章において「道徳法則」という用語を用いて説明したものを、第一章では「義務」という用語を用いて説明しました。ここに改めてその役割について確認しておきたいと思います。例えば、企業の上層部は、どのような格率を持って企業経営にあたるべきでしょうか。「顧客を満足させるのみならず社員が満足に仕事に打ち込める環境を作る」という格率はどうでしょうか。これであれば他者の幸福に資することになり、普遍化を意欲することができるのではないでしょうか。だとすれば、それは道徳法則であり、その履行は義務となるのです。ただ、義務を履行しただけでは道徳的価値は見出されません。それを義務から、すなわち、単に自分のためではなく、非利己的で純粋な意志からなすことによって道徳的な輝きが認められるのです（図4）。

私は先ほど、定言命法と仮言命法の帰結は多くの場合一致すると言いました。「ならば仮言命法だけでもいいのでは？」と思ってしまう人がいるかもしれません。しかし、「多くの場合一致」は「必ず一致」を意味しません。もし仮言命法のみから、つまり、利己的な都合でしか

図4　義務にまつわる、道徳的善の三条件

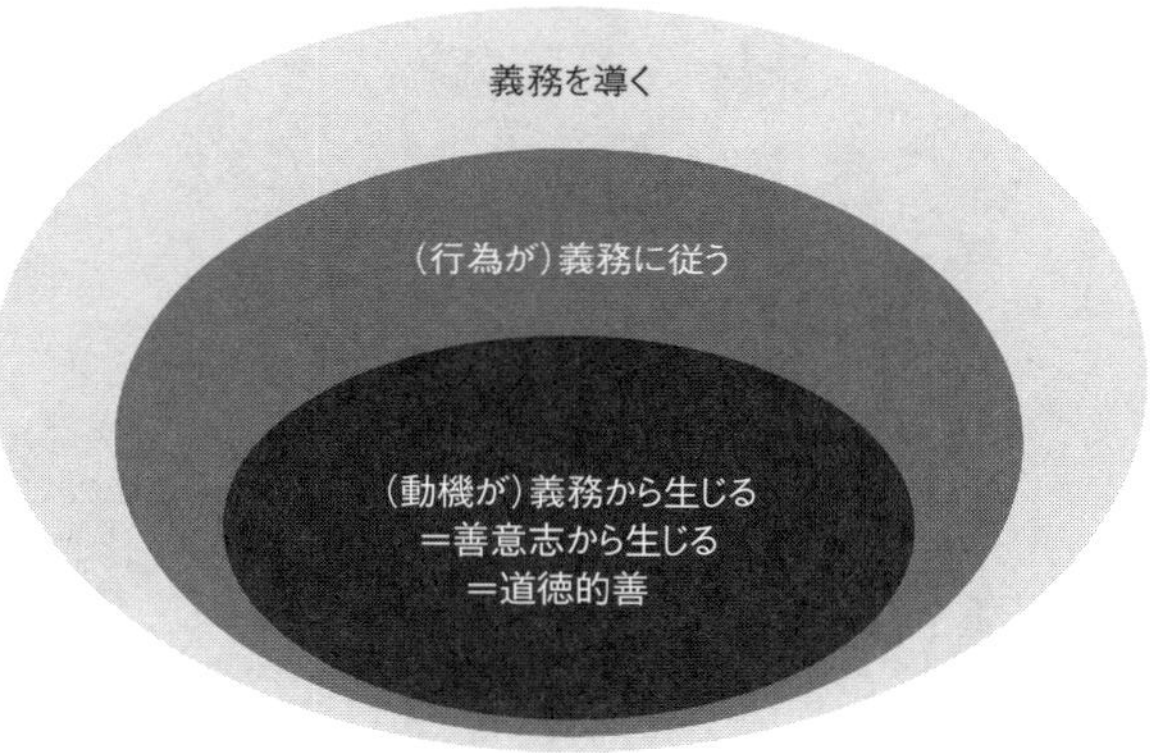

動かないとすれば、その利己性は必ず顔を出し、他者に伝わることになると私は思っています。もし会社の経営陣が、そういう人たちで埋め尽くされているとしたら、従業員たちは、そして顧客の側は何を思うでしょうか。私が説明するまでもないと思います。

最後に「仮言命法だけでも……」に絡めて、さらにもっと根本的なことを問うと、「人間なんて（つまり自分は）利己的にしか考えないし、動けない」などと言う人がいますが、そんな生き方をしていて苦しくないのでしょうか。窮屈じゃないのでしょうか。自分の苦しみが実は自分のことしか考えていないその利己性に起因しているのではないか（そして、それがために物事がうまくいかないという可能性も含めて）、考え直してみてはいかがでしょうか。

第二章　道徳教育

カントは自身が教鞭《きょうべん》を執っていたケーニヒスベルク大学において、自ら教育学の講義を担当していました。その講義録が弟子たちによって編集され、現在『教育学』として刊行されています。私たちはそこからカントの教育哲学について知ることができるのです。

その『教育学』はある前提の上に成り立っています。それは、人間というのは仮に生物学的に人間として生まれたとしても、放っておいてその者が勝手に人間らしくなるわけではないということです。

人間は教育によってはじめて、人間になることができる。（『教育学』）

大人は子供に対して、教育という能動的な営みを通じて、働きかけなければならないのです。とはいえ、そんなことはカントに言われるまでもなく、当たり前のことだと思うかもしれません。しかし、歴史的に見ると、それはまったくもって自明のことなどではなかったのです。カントが登場する少し前までは「子供は小さな大人」だと思われており、大人による庇護《ひご》を必要とする存在とは認識されていなかったのです。

子供は大人による導きが必要な存在であるとして、では具体的に私たちはどのように子供に関わっていったらよいのでしょうか。以下にカントの立場を見ていこうと思います。

一節　ソクラテス的教育とは

カントは、利己的な都合によってではなく、非利己的で純粋な善意志から行為することを求めます。それは大人にとっても困難なことであり、発達途上にある子供にとってはなおさらと言えます。カント自身もそのことは十分自覚していました。

> 子供は自分で正しいと認める格率に従って行為するようにならなければならない。これは小さな子供にあっては実現困難であり、従って、道徳的陶冶は両親や教師の側の最大の見識を必要とすることは容易に分かることである。（同前）

子供が道徳的善をなせるようになるためには、親や教師による導き（教育）が必要となるのです。とはいえ、やっと会話ができるようになったような小さな子供相手に、例えば、定言命法やら、道徳法則やらといったことを、いくら分かりやすい言葉で説明しても、理解できるはずがありません。段階を踏んでいく必要があります。カントは子供の成長度合いによって、三段階に分けて教育にあたるべきことを説いています。

カントは第一段階について以下のように説明しています。

①子供をごく幼いときから、あらゆる点において（子供が自分自身を傷つける場合、例えば、むき出しの刃物をつかもうとするような場合は別として）自由にさせておくこと。もっともこれは他人の自由を妨げない限りにおいてである。（同前）

ようやくよちよち歩きをはじめたような小さな子供は、何が危険であるかということすらよく分かっていません。例えば、うちの子供の場合、道路に飛び出して車にひかれそうになったことや、三階の窓から落ちそうになったことがありました。まだ言葉も分からないような頃です。説明などしても理解できない以上、道路に出ないように、窓から落ちないように、力ずくで止めるしかありません。また、これは危険というより汚い話ですが、一時期トイレの便座を磨くためのブラシをペロペロしていたことがありました。取り上げると泣きますが、仕方ありませんん、汚いのですから。

また、これもうちの子供が小さかったときの話ですが、よく人を叩《たた》いたり、髪の毛を引っ張ったりしていました。相手が抵抗すると、余計に面白がってやるのです。これも説明しても分からないので、力ずくで止《や》めさせるしかありません。

これらのような、自分自身を傷つける、または、他人に迷惑をかけるという二つのケースのうちのどちらかに抵触するような場合には、大人は子供の自由を制限することが許されているのであり、また、そうすべきなのです。

このような段階を経て、子供が相手の言っていることを理解できるようになってきたならば、教育レベルも次の段階に移行することができます。第二段階について、カントは以下のように述べています。

②私たちは子供に、彼がその目的を達成するには、他人にもその目的を達成できるようにする他ないということ、例えば、もし彼がこちらが学んでもらいたいと思うことをしないなら、私たちは彼に満足を与えはしないということを示してやらねばならない。（同前）

例えば、子供が部屋をちらかして片づけようとしないのであれば、もうおもちゃを使わせないことを告げるのです。要するに、飴《あめ》と鞭《むち》を使い分けるのです。しかし、「おもちゃを使えなくなるのは嫌だから、片づけをする」という考え方は仮言命法に他なりません。そのため、そここには道徳的価値はありません。道徳的善が可能になるには、次の段階まで待たなければなりません。この第三段階が最終段階であり、それは以下のように説明されています。

③私たちは子供に強制を加えるが、その強制は彼を導いて自分自身の自由を使用できるようにするためであるということ、また子供を教化するのは、彼が将来自由になることができるためであり、換言すれば、他人の配慮に寄らなくてもよいようになるためである、ということを明らかにしてやらねばならぬ。（同前）

カントにとって、「強制」（Nötigung）、ならびに、「自由」（Freiheit）という用語は、独特の意味を持ち、またそれらには重要な役割が備わっています。まず、カントが用いる「自由」とは、自分の好き勝手に振る舞うことではありません。それどころか、そういった行為は自分の感情に流されてしまっているという意味で、むしろ、不自由と言えます。本来の自由とは、そのような感性的欲求に屈することなく、理性的に自分自身をコントロールすることなのです。それをカントは「強制」と表現するのです。この「強制」というのは、道徳的善のための必須条件となるのです。

そのような自分自身を律する営みをカントは「自律」（Autonomie）と呼びます。道徳的善は自律であり、自律が道徳的善なのです。教育の究極的な使命とは、自律した行動をとれる人間を育てることなのです。反対に、自分の感性的欲求に流されているような状態、または実際に他人の意見などに流されているような状態は「他律」（Heteronomie）と呼ばれます。他律である限り、道徳的善をなすことはできないのです。

ここに、教育という営みに内在する、ひとつのジレンマを見てとることができます。教育の目的は自律した人間を育てることなのですが、そのためには親や教師による外からの強制が不可欠なのです。つまり、強制を通じて自由に至るというプロセスを踏まざるをえないのです。カント自身、このパラドックスを自覚しており、以下のように表現しています。

教育の最大の問題のひとつは、外的強制に服従することと、自分の自由を使用する〔内的強制の〕能力とを、どのようにして結合できるかということである。（同前）

では、他人による外的強制を経て、自律的な内的強制のできる人間を育てるには、具体的にいかなる方法が考えられるのでしょうか。

カントはそこで「ソクラテス的方法」を用いるべきことを説きます。ソクラテスとは古代ギリシアにおいて活躍した哲学者であり、相手との対話を通じて、真理を導く（相手が気づく）

というスタイルをとりました。カント自身がソクラテス的方法について具体的に以下のように説明しています。

しつけの際に子供はすべてにおいて、その根拠を知る必要はない。しかし、それが義務に関する場合には、直ちにその根拠を知らせなければならない。だが、とにかく私たちは理性認識を子供のなかに持ち込むのではなくて、むしろこれを子供のなかから取り出すようにしなければならない。（同前）

本書はここまでに「根拠」の重要性について指摘してきましたが、教育の文脈でも根拠の重要性が語られているのです。しつけというのは倫理に密接に関わるものであることが多いですが、すべてがそうであるわけではありません。「なぜ」という問いに適さないもの、例えば、文化によって様式が異なるようなものもあるためです。一例を挙げると、麺類を音を立ててすすることをよしとする文化もあれば、音を立てずに口のなかに入れることをよしとする文化もあります。どちらが正しいという問いは不適切と言えます。

これが自分が外国に行き、外国の人たちと食事をすることになった場合には話は変わってきます。自分の国の作法に従うか、それとも外国の作法に従うかという問いは、倫理的な問いと言えます。「なぜ?」と問い、自分なりの根拠であり、指針を導くことができる類いの問いであるためです。

他人から強制された規範というのは、非常に弱く、表面的で、その人の目の届かない範囲では時間の経過とともに効果を失っていきます。他方、自分で導いた規範というものは、より強力であり、深く、その人のなかに根付き、他人の目に関係なく自分自身を縛るのです。そういった力を涵養《かんよう》することが、教育にとって重要な使命であることに異論はないと思います。同じことを別様に表現すれば、子供がその根拠を理解していないようなものを大人が無理やり押しつけても、教育にはならないのです。

教育というのは確かに強制が伴うが、そうかといって決して奴隷的であってはならない。(同前)

二節　ちっともソクラテス的ではない日本の高校野球

私は博士論文こそドイツで書きましたが、それ以前の修士課程までの教育は日本で受けてきました。その経験から、日本の教育現場はちっともソクラテス的な教育ではないと思うのですが、そのなかでも特に対極にあると思われるのが、日本の高校野球です。

私自身、高校の三年間、野球部に所属していました。自分で高校野球をやっていながら、抱えていたひとつの謎がありました。高校野球をやっている人たちというのは、みんな健康であり、人一倍体力があるのです。どこの学校も厳しい練習をしています。つまり、忍耐強く、努力もできる人たちなのです。そこでは礼儀もみっちり仕込まれます。団体競技であり、協調性も自ずと磨かれます。加えて、強豪チームのレギュラーともなれば、いい意味で、人を蹴落とす強さを持ち合わせ、勝つ喜びを知っているのです。これだけ優れた要素を備えている彼らは社会に出れば、会社や世の中を引っ張っていくような存在となり、活躍しそうなものですが、意外とそうでもないのです。読者のみなさんは、野球関係者以外で「元高校球児で社会や世の中に影響力（もちろん良い意味で）を持っている人」と言われて、いったいどれだけ思い浮かぶでしょうか。*11

私のなかでこの謎が解けるのは、大学に入ってカント倫理学に出会って以降のことです。その理由について語るために、まずは高校野球の現場というのが、どういったところなのか、というお話からはじめたいと思います。そこは学生野球の父と呼ばれる飛田《とびた》穂洲《すいしゅう》の理念、「練習量の重視」「精神の鍛錬」「絶対服従」が今でもしっかりと根付いているところなのです。ここで特に焦点を当てたいのは最後の「絶対服従」という点です。監督というのはヒエラルキーの頂点に存在しており、生徒などが意見できるような存在ではないのです。甲子園常連高校のある現役有名監督の言葉にあるように「わしがな、黒のカラスを見て白じゃといったら白だと思え」という世界なのです。

この本を読んでいる人のほとんどが、「いや〜、そりゃまずいでしょ」と感じると思います。しかし、義務教育を終えた直後から、とりわけ寮生活で携帯やパソコンの使用が禁止されているような強豪校にでも入ってしまえば、生徒は世間から完全に隔離され、部活のなかでの価値観と、世間一般との価値観を比較する機会がなく、どうしても視野や考え方は狭まっていってしまうのです。そのような環境下で、ヒエラルキーのトップから、「お前らは俺の言うことに従っていればいいんだ」という言葉を浴びせられた上に、いろいろと指示、命令されれば、その内容に対して「おかしい」とか「変だ」とか思えなくなってしまうのです。もしくは、何となくそう感じたとしても、うまく表現することができなくなってしまうのです。複数の論者が、高校野球の監督を絶対的存在である教祖に、選手を絶対服従が求められる信者に重ね合わせて「カルト」と表現しています。*12 指導方法によっては容易に、共同生活をしている宗教団体と似たような空気となってしまうのです。

ここで、少しでも野球を見る人であれば誰もが知っている現役選手の言葉を紹介したいと思います。現在MLBで活躍している筒香嘉智《つつごうよしとも》選手です。彼も、ここまでの私の話に一致する発言をしています。

僕はドミニカで、選手がコーチに平気で自分の意見を言っているのを見て驚きました。（中略）日本では、どうしても指導者は絶対的な存在になり過ぎてしまうようです。監督の言うことは絶対。監督の指示に逆らってはいけない。

（『空に向かってかっ飛ばせ！――未来のアスリートたちへ』）

選手が監督に意見するなどというのは、日本の高校野球ではありえないとまでは言いませんが、極めて稀《まれ》なのです。それはもちろん監督がそう仕向けているのです。そういう雰囲気を意図的に作っているのです。

では、何のために監督は選手に考えさせずに、思考停止に追いやるのでしょうか。ひとつには、その方がコントロールしやすいからです。また自分の言う通りに「コマ」が動いてくれれば、悪い気はしないでしょう。しかし、もっとも大きいのは、そのコマをコントロールして、勝ちたいからです。もっと言えば、目の前の試合に勝ちたいからです。生徒に考えさせたら、生徒は自分と違う価値観を導き出してしまうかもしれません。そんなことになったら厄介なのです。例えば、「将来のために今は無理しない」という結論を出してしまうかもしれません。

監督からすれば、それでは困るのです。どうしても自分が今勝ちたいからです。[13]
筒香選手はそれを「勝利至上主義」と称して、その弊害を三点挙げています。①野球が子供たちのためではなく、指導者の実績や功績、ならびに、周りの大人たちの満足のためになされている点、②選手が大人の顔色ばかりを見て、自分で考える力が身につかない点、③選手が酷使されつぶされてしまう点です。まったくもって的を射た指摘だと思います。
ただ、ここまでの話を読んでいると、「では、なぜ筒香選手は他の選手とは異なり、これだけしっかりした自分の考えが持てているのか?」という疑問が生じてくると思います。筒香選手の言動を追う限り、お兄さんの影響が大きかったようです。お兄さんは弟の筒香少年に「なぜああなったのか?」「次はどうしたらいいと思う?」などといった問いを与え、自分で考えさせ、自分で気づかせる教育を施したと言います。まさに、ソクラテス的教育です。そういった経験があったからこそ、彼はその後の非ソクラテス的教育を前に、その問題点に気づき、正確に分析し、それを的確に表現することができたのだと思います。
高校野球をやっていたことによるよい面をたくさん持った人たちが、社会に出ても活躍し、単に上から言われた通りに動くだけではなく、人や会社、ひいては世の中を動かす側に回ってほしいと私は願っています。そのために必要なのは、高校野球の指導者の側が勇気を持って自らの姿勢を変えることなのです。

三節　学問に必要な姿勢とは

オウム真理教が起こしたさまざまな事件のように、教祖に「殺せ」と言われたからといって、それをそのまま行動に移すようでは困ります。本来は、そういった人間を作り出さないための教育なのですが、皮肉にも、教祖に従順だったのは「よい」教育を受けた高学歴の者たちだったのです。

これは極端な例だと思うかもしれませんが、同じ構造のことは私たちの日常において至るところで起きているのです。学校の成績は優秀であったであろう人々の集まりである有名企業・大企業でも、パワハラ（いじめ）で社員が心の病になったり、亡くなったりする事件が跡を絶ちません。相手が自殺してから気づくのでは遅いのです。加害者の側は、きちんと考えさえすれば、それが許容されないものであることが自覚できるはずなのに、考えないから気づかないのです。

日本で教育を受けた人々、特に有名企業・大企業に入るような人であれば、知識はあるはずなのです。しかし、知識があることと、自分の頭で考えることは別です。カントは、その点について啓蒙《けいもう》の理念と絡めて以下のように指摘しています。

ところで、自分が知識の上で啓蒙する者だと思い込んでいるような者は、決して啓蒙などされていないのである。というのも、啓蒙とはむしろ、認識能力の使用における否定的な原則であり、知識の上で非常に恵まれている人ほど、しばしば知識の使用においては、まったく啓蒙されていないからである。

（「思考の方向を定めるとはどういうことか」）

カントは、知識がある者は啓蒙された者であることを意味しない、それどころか、知識がある人ほど、その実、啓蒙されていないことがしばしばであることを指摘しています。まさに自分では考えずに教祖の言うままに動いた高学歴の信者や、伝統や社風などに流されて昔ながらのパワハラを働いてしまう有名企業・大企業の上司たちを指しているかのような言葉です。

私は日本の教育現場にも、ドイツの教育現場にも身を置いたことがあります。その経験から言えることは、日本の教育が知識重視であり、自分の頭で物事を考える訓練の場に十分になっていないということです。学問に知識が必要であることは言うまでもありません。しかし、知識だけでは学問になりません。学問には正当な手続きを踏んで自分の意見を組み立てるスキルが求められるのです。

では、学問に必要な正当な手続きを踏んで自分の意見を組み立てるスキルとは、具体的にどのようなものなのでしょうか。その点も私はカントに倣うことができると思っています。カントは自ら「コペルニクス的転回」と称する思考法を自身の学問（形而上学）に導入しました。コペルニクス自身、最初のうちは、太陽が地球の周りを回っているものと信じて、天体の動きを説明しようと試みました。しかし、それではどうしてもうまくいきません。そこで発想を逆転させて、地球が太陽の周りを回っていると考えてみたのです。すると、天体の動きをうまく説明することができたのです。

ここで重要となるのが、カントの「仮象《かしょう》」という概念です。それは「仮《かり》の象《ぞう》」ということであり、つまり、そのように見えるが、実際はそうではないということです。「コペルニクス的転回」に絡めて言うと、私たちは地球から天空を眺めると、他の天体が地球の周りを回っているように見えます。しかし、その「見た目」が本当に真理を反映しているとは限らないのです。私たちは「見た目」から直ちに何かを思い込んでしまうのではなく、自身の五感に疑いの目を向け、事実はまったく異なる可能性、それどころか、まったく正反対である可能性まで想定して、吟味を加えるべきなのです。カントはこのようなコペルニクスが用いた思考法を、自然科学のみならず、すべての学問が取り入れるべきであると考えたのです。

カントが展開するアンチノミー（二律背反）の議論もその典型と言えます。アンチノミーとは、正命題と反命題のどちらについても論拠を挙げることができる命題のことです。カントは具体的に四つのアンチノミーを挙げており、それぞれ、①宇宙には時間的、空間的はじまりがあるかどうか、②世界は分割不可能な物質によってできているのかどうか、③世界は因果律（原因と結果の間に必然的な結びつきを認める、つまり自由を認めない立場）に従っているのかどうか、④必然的な存在者（神）がいるのかどうか、になります。カントのアンチノミーは、コペルニクス的転回と違い、どちらかの命題に軍配が上がることはないのですが、結論がどうあろうと、ある命題とそれとは正反対の命題のどちらも正当である可能性を吟味するという点において共通しており、ここに学問的思考法の雛型《ひながた》を見てとることができるのです。

分かりやすく言えば、一方の視点のみから眺めるのではなく、まったく逆の視点から眺めてみるのです。その上で、主体的な立場を導き出すのです。さまざまな視点から考えることによって、はじめて他者からの反論にも耐えられる、十分な耐性を持った理論が導かれうるのです。[*14]

カントは、自らの一方的な判断にしか立たない学者（その時点で本来は「学者」とは呼びがたいのですが、そういう職業学者がいることもまた事実と言えます）を「一つ眼《め》の巨人」と呼びます。確かに、片目を閉じて物体を捉えようとしても、うまく捉えることができません。両目を使うことによって、はじめて正確に対象を把握することができるのです。

私は、そのような学者（＝自分のことを過信している学者）を、一つ眼の巨人と呼ぶ。彼は、学問的エゴイストであり、そのような人には、もう一つの眼、彼が見ている対象を他人の立場から眺めるような、もう一つの眼が必要である。学問の人間性、すなわち、自分の判断を、他の人々の判断とつきあわせて吟味することによって、それに社会性をもたせるということは、ここにもとづく。

（『人間学遺稿』）

カントは自分の視点から動こうとしない学者を「学問的エゴイスト」と呼ぶのです。なぜ「エゴイスト」なのかというと、彼はそこに「傲慢さ」を見るからです。このことはカント倫理学の性格からも看取することができます。彼は定言命法の「普遍化の定式」によって、客観的な視点に立って考えることを要求します。それによって傲慢さは希釈されるためです。それをせずに、自分の主観的な視点のみに留まって、そのため自らの都合や願望を反映させてしまう態度は傲慢であり、その者はエゴイストなのです。

教育を担う学校という場所が、一方的な見方しかできないような一つ眼の巨人であったり、学問の世界に自分の主観的な希望や願望を紛れ込ませる学問的エゴイストを養成する場であってはならないのです。

四節　一つ眼の巨人にならないために

　では、一つ眼の巨人を生み出さないためには、どうしたらよいのでしょうか。文部科学省も問題の所在には気がついているようで、平成二九年改訂の新学習指導要領には、それに向けた取り組みについて記されています。

　そのひとつが、対話型の授業の導入です（答申の段階では「アクティブ・ラーニング」という名称でしたが、最終的に学習指導要領には「主体的・対話的で深い学び」と記されています）。他者の意見に耳を傾け、それを通じて自分の考えを形成していくという作業は、学問に必須のスキルを陶冶することになり、非常に重要な視点であると言えます。

　ただ私には懸念もあります。率直に言って「それを指導する教員に、それだけの力があるのか？」という点です。というのも、大部分の教員は、自分自身が対話型の授業など受けたことがないはずなのです。自分が受けたこともない方法を、自分で満足に運用することができるのでしょうか。とりわけ、それまでお山の大将のようであった高校野球の（ベテラン）監督である教員に、生徒に寄り添って一緒に考えるなどということができるのでしょうか。

　また、新しい学習指導要領のなかにも、その危惧に拍車をかける側面があります。対話型の授業とは本来、相手の意見を聞き、それを尊重する姿勢を身につけるためのものです。自分の意見を強引に押しつけるためのものではありません。しかし、新学習指導要領には、学問的成果と何の関係もない、価値観の押しつけのような面があるのです。例えば、領土問題に関する扱いです。北方領土、竹島は日本固有の領土でありながら、不法占拠の状態であること、尖閣諸島についてはそもそも領土問題は存在しないという政府見解のみを伝えなければなりません。日本に不利な情報を与えることや、日本領でない可能性について議論することは想定されていないのです。

私がこのようなことを言うと（一見、国益に反することを言っているように映るため）、「日本の教育が日本に有利な内容となっているのは当たり前だろ」「秋元は反日だ」などと批判する人が出てくるかもしれません。しかし、考えてみてほしいのです。私のように海外に住んでいれば、外国の人と政治の話もしますし、話の流れによっては領土問題の話にもなります。例えば、ロシア、韓国、中国の人たちと領土問題について話をしたときに、自国に有利な情報しか持っておらず、相手から日本に不利になるような情報を提示されたときに「え、そんなこと知らなかった」では議論になりません。相手は「やはり日本には分《ぶ》がないんだ」と思うでしょう。自国の立場について知り、相手の立場についても知り、その上で、相手の立場を反証することができて、はじめて相手を納得させることができるのです。教育現場とは、そのためのスキル（つまり、学問に求められる正当な手続きで自分の意見を組み立てるスキル）を磨くための場であるはずです。

私はドイツの大学の日本学科でゼミを担当していたことがありました。ちょうど尖閣諸島の国有化や、中国船衝突事件などで、尖閣諸島のみならず、領土問題に関心が高まっている時期で、一学期間かけて日本の領土問題について扱うことにしました。授業には、ドイツ人のみならず、日本人の交換留学生も参加していました。授業で扱うのは日本の領土問題であり、言語は日本語でした。そのため発言する上では、日本人が圧倒的に有利であったはずなのですが、実際には日本人はあまり発言しませんでした。

学期末、最後の授業のときに、日本人学生に、基本的にドイツ人学生のための授業であったために遠慮していたのかどうか聞いてみました。しかし、返ってきた答えは、「圧倒されて、言葉が出て来なかった」とか「ついていけなかった」といったものでした。これには正直、ガックリしました。ただ同時に、それは彼ら、彼女らの責任というよりも、日本の教育のあり方の問題だと思ったのです（もちろん今でもそう思っています）。

新学習指導要領では、「主体的・対話的で深い学び」を掲げて、多様な意見を認めるべきことを謳《うた》っておきながら、他方で、それと相容《あいい》れない、一方的な価値観を押しつけ、別の意見を封殺するようなやり方をとるのであれば、子供たちを混乱させ、成長を阻害することにならないか、私は心配でなりません。

五節　学習指導要領に見られる自由と自律

現行の『学習指導要領』では、それまで「教科外活動」という位置づけであった「道徳」が、「特別の教科　道徳」に格上げされました。それ以前の学習指導要領においても自由と自律の重要性について言及されていましたが、そのスタンスは引き継がれることになりました。今回の『小学校学習指導要領』にある「特別の教科　道徳」の項目には、以下のように自律の重要性について説かれています。

各学年を通じて、自立心や自律性、生命を尊重する心や他者を思いやる心を育てることに留意すること。

（文部科学省『小学校学習指導要領』）

このように、全学年を対象に、自律の重要性が説かれているのです。高学年に向けては自由と絡めて、自律の重要性について以下のように記述されています。

自由を大切にし、自律的に判断し、責任のある行動をすること。（同前）

「自由」という用語に関して、自分勝手な振る舞いを指すものと思い込んでしまっている子供がいることを想定して、文部科学省が作成した『私たちの道徳―小学校五・六年』には、その場の瞬間的な感情に流されることは自由などではなく、そういった感情を抑えて自らを律することが、自律と言えるのであり、自由な判断と言えることとの説明がなされています。

この箇所だけを読むと、カント的な自由概念・自律概念について説かれているように見えるかもしれません。しかし、『学習指導要領』の記述が、完全にカントに沿っているわけではありません。『私たちの道徳』が念頭に置いているのは、計画的に勉強するとか、お金を使うとかいったことなのです。*15 つまり、短期的なその場の欲求に流されずに、長期的な目標に向かって自分を律することが、自由であり、自律であることになるのです。他方、カントであれば、その長期的な目標が自分の利己的な都合によって立てられているとすれば、それは自由でも自律でもないことになります。

要するに、「特別の教科　道徳」には、カントが念頭に置くような、非利己的で純粋な善意志から行為することを推奨するような記述はされていないのです（「別の箇所からそのような解釈も可能である」と言い出す人がいるかもしれませんが、少なくとも明確には、そして、自由や自律がテーマとされている箇所では説かれていません）。しかし、非利己的で純粋な善意志から行為することのすばらしさを否定する人はいないはずです。そうであれば、そのような発想を教育現場で教える価値も否定しがたいのではないでしょうか。

ただ、カントの自由や自律の概念を導入することに対する異議として考えられるのは、小学生に対しては要求が過大であるという点です。そうであれば、当然のなりゆきで、中学生相手ならどうか、という疑問が湧いてきます。しかし、『中学校学習指導要領』にも、中学生に配布される『私たちの道徳』にも、カント的な意味での自由や自律についての説明、すなわち、厳密な意味での自由や自律というのは非利己的で純粋な善意志からの行為のみであることの説明は、やはりなされていないのです。

中学生に対して、カントが念頭に置くような自由や自律の概念の理解を期待することは、過大な要求なのでしょうか。私はそんなことはないと思っていますが、ここでは仮に難し過ぎるとしましょう。だとしても、それは教えないことの理由にならないはずなのです。なぜなら、後からその意味であり、価値について理解できれば、それで十分だからです。

このような〔自由や自律に向かわせるための〕強制がどういう役に立つのか子供にはすぐには分からないかもしれないが、やがてその大きな利益に気づくことであろう。

（『教育学』）

子供というのは何十年経っても、教師の言葉を覚えているものです（良い意味のみならず、悪い意味でも）。私は教師とは、大人になった後のその人に向かって語り掛けるくらいでよいと思っています。私自身がそうでしたし、また筒香選手の発言を見る限り、彼もまた、自分が子供の頃に受け取った言葉であり、その価値をしっかりと消化できたのは、ずっと後になってからであったように見受けられるのです。そういった可能性を信じて教育に取り組むという発想を持ってもよいのではないでしょうか。

六節　まったく学問的ではない「特別の教科　道徳」

先ほども指摘しましたが、新学習指導要領には学問的成果とはまったく関係のない価値観を教え込むべきことが求められています。しかも残念なことに「特別の教科　道徳」こそが、その典型・縮図となっている感があるのです。

前述のように、文部科学省作成の『私たちの道徳』には、カントの理念の一端を見てとることができるのですが、そこに「カント」という名前は出てきません。「道徳」という科目に一番近い学問は倫理学であるはずですが、『私たちの道徳』を開いてみると、アリストテレス、キケロ、シュバイツァーなどの「倫理学者」と言える人物の名前はちらほら出てくるものの、彼らの「名言」「格言」の類いが一言載っているだけであり、倫理学説が紹介されているわけではないのです。

これは驚くべきことと言えます。学校で学習する内容というのは、普通は学問的成果が反映されるものです。学界の定説が覆れば、教科書の内容も書き換えられるのです。例えば、冥王星が惑星から準惑星に格下げされれば、それまで理科の教科書にあった、太陽系の惑星一覧から名前は削除されることになります。また、源頼朝の肖像画であると思われていたものが別人であった可能性が高まれば、それは歴史の教科書では源頼朝の肖像画としては使われなくなります。この二つの教科に限らず、どの教科も同じです。ただ、「特別の教科　道徳」だけは例外的に違うのです。これは学問的成果とまったく無関係に成立しているのです。

では、そこではどんな内容が扱われているのでしょうか。『私たちの道徳』を開いてみると、偉人や、伝統・文化についての話が中心であることが分かります。さらに、ではなぜ偉人や、伝統・文化が中心なのかと問うと、それはその中身を見ることによって見えてきます。偉人というのはほとんど日本の偉人ですし、伝統・文化というのも日本のものばかりです。つまり、文部科学省としては、子供たちが、日本のことを知り、日本のことを好きになるように仕向けたいのです。そのことは『学習指導要領』の「特別の教科　道徳」の欄に、はっきりと記されています。

> 我が国や郷土の伝統と文化を大切にし、先人の努力を知り、国や郷土を愛する心をもつこと。
> （『小学校学習指導要領』）

> 優れた伝統の継承と新しい文化の創造に貢献するとともに、日本人としての自覚をもって国を愛し、国家及び社会の形成者として、その発展に努めること。（『中学校学習指導要領』）

「特別の教科　道徳」とは、郷土なり、日本なりを愛すべきであるという価値観が前提とされ、それを押しつけるための科目なのです。この点でも他の教科との決定的な差異を見ることができます。しかし、実際には人が何をすばらしいと思うか、何を愛するかということは個人の感性によるのであり、はっきり言って、自分でさえも、どうにかできるものではないのです。

愛は、感情に属する事柄であって、意欲のそれではないから、私は愛そうと思って、ましてや、愛すべきである（愛へと強制されている）からといって、愛することができるわけではない。

（『人倫の形而上学』）

愛は感情に属するものなのです。感情というのは、意欲したからといってどうこうできるものではなく、自分自身でもコントロールすることはできません。そのためカントは、何らかの感情を持つべき義務など存在しないと説くのです。後ほど（第六章一節）触れますが、愛という一般的に肯定的に捉えられる感情のみならず、嫌悪や軽視といった否定的な感情についても同じことが言えます。そういった感情を持つべきではないという義務も存在しえないのです。いかなる感情にせよ、国家といえども、個人がどのような感情を抱くかということに口出しすべきではないし、口出ししたところで、どうにもならないのです。

加えて、ここには、もう一点、注意すべき点があります。仮に子供たちが祖国日本を大好きになったとします。それも熱狂的にです。ただでさえ、一方的な情報しか与えられておらず、その上、その対象を熱狂的に好きになってしまった場合、その者の視野であり、思考でありは、著しく制限されることになるでしょう。

惚れ込んでいる者は、愛する相手の欠陥に対しても不可避的に盲目となる。（『人間学』）

一方的な情報しか与えられず、しかも熱烈に愛してしまった場合、その者は冷静に客観的に物事を見ることができず、惚《ほ》れ込《こ》んでいる対象（この場合は日本）の欠点が見えなくなってしまいます。またはぼんやりとは見えていても、見えない振りをしてしまうのです（これは後ほど言及する「根本的な悪」にも重なり合います）。日本の教育現場は、そういった人間を作り出すための場なのでしょうか。それでいいのでしょうか。そこに危機感を持つのは私だけではないはずです。

ちなみに私自身は、自分を育ててくれた日本という国に感謝しています。だからこそ、間違った方向に進んでほしくないのです。

七節　まとめ

前章では、社会においてルールや既成事実が、まさにルールであり既成事実であることを理由として正当化されるという事態が散見すること、しかしながら、それに対して何の疑念も抱かないことの問題点を指摘しました。ただ考えてみれば、そもそも日本では学校教育のなかで、自分の頭で考え、根拠を挙げるトレーニングといったものがほとんどなされていないのですから、社会に出た後も（会社でそのための教育が施されるのでもない限り）できないとしても、それは半ば当然のことなのかもしれません。

私が高校生の頃や予備校に通っているときに、周りには「どうしても○○大学に行きたい」と言っている人たちがいました（○○に入る大学の名前は人によって違いますが、たいていは名のある難関大学です）。なかには「学部や学科はどこでもいいから、とにかく入りたい」と言っているような人もいました。実際に合格できた人もいれば、合格できずに諦めた人もいました（後者の方が圧倒的に多かった）。受験の後、第二志望、第三志望の大学に合格したものの諦めきれず、仮面浪人を決め込む者もいました。また私自身が大学に入った後で、学内で仮面浪人している人と出会うこともありました。そういった人に会うたびに、私は「君もか」と思ったわけです。

そして、私にはそういった気持ちがまったく理解できず、なぜそんなにその大学に行きたいのかその都度尋ねていました。すると、たいてい「憧れ」とか「夢」といった非常に抽象的な答えが返ってくるのでした。前章の「まとめ」において、根拠なく目標を立てる企業の話をしましたが、まったく同じ構造を見てとることができます。理性によって明確な根拠を立てるのではなく、感情からふんわりとした目標を立て、それが達成できないことに苦しんでいるとすれば、その後も問題がどこにあるのか自分で気づかない可能性が高く、根は深いと言えます。

大学の名前に拘《こだわ》る人たちから「憧れ」とか「夢」といった言葉を聞くたびに私は違和感を持

ったのですが、教師を含めて周りの人間は何とも思っていない様子でした（実際のところ内心は分かりませんが）。当時はうまく説明できませんでしたが、今であれば当時私が持った違和感の正体について説明することができます。「憧れ」や「夢」といった抽象的なものにもとづいて目標を立てる者というのは、学びたいことや、その先にしたいこと（つまり内的な動機付け）がないため、大学の知名度などの外的要因に囚われてしまっているのです。そのような他律状態では、仮に希望する大学に入学できたとして、（研究したいことがあるわけでもなく、専攻も二の次であると公言しているわけですから）勉学に励むわけがないのです。その責めは当然、本人にあるわけですが、その原因を作っているのは、そういった姿勢を目の当たりにしているのに何も言わない教師であり、また、そういった教員がどっぷり浸かっている現行の教育システムにあると見るべきでしょう。

とはいえ、先に述べたように、教育システムを根本的に変えることは現実的ではないと思いますし、仮に実現したとしても、実際に運用できるかどうかも大きな疑問です。それよりも、ひとりひとりが（とりあえずは問題意識を持っている人だけでも）現行制度と齟齬《そご》をきたさない範囲で理念を持って地道に活動することの方が現実的で確実なのではないでしょうか。

方法論としては、ソクラテス的教育ということになります。つまり、生徒自身に考えさせ、生徒自身に答えを導かせるのです。生徒が、例えば「○○が憧れだから」「○○が夢だから」

と言うようであれば、なぜそれが憧れであり、夢たりうるのかの根拠を問うのです。その問いに答えられないのであれば、答えられるように促すのです。反対に、相手がしっかりした根拠を示せるのであれば、こちらとしてはその立場を認める他ないでしょう。

先ほども話したように、当時の私の周りには大学進学希望者がたくさんいましたが、私自身は高校を卒業して、すぐに一般企業に就職しました。その企業というのは、それなりに名の知れた、しっかりした会社でした。しかしながら私はそこで悶々《もんもん》とした日々を過ごしていました。仕事内容というのが、毎日同じ作業の繰り返しであり、仕事を通じて自分が成長している実感が持てなかったのです。そのまま会社にいれば、それなりの給与をもらえ、一生安定した生活ができたはずです。しかし、私は「自分の人生はこのままでいいのか?」「こんなことをするために自分は生まれてきたのか?」などと人生の意味や、生きる目的などについて考えるようになってしまったのです。

そんな時期に、私は本を読んでいて、偶然にも「哲学」「倫理学」という学問があることを知ったのです。とはいえ、決して衝動的に動くようなことはしませんでした。自分なりに調べ、よく考えた上で、仕事を辞めて、大学受験をして、大学の哲学科に入ることに決めたのです。

その決断について親に告げたのですが、意外にもまったく反対はされませんでした。自分で言うのも何ですが、考えた形跡が見られ、根拠が提示されており、何より強い意志がにじみ出ていたからだと思います。もしくは、それ以前に、両親は私のことをよく知っていたわけで、「もう未成年状態から脱している」と判断し、端《はな》から私の考えを尊重するつもりであったのかもしれません。いずれにしろ、そこに至るまで私の内面を養ってくれた、自律の方向に仕向けてくれた親には本当に感謝しています。

他方、私が学校で受けた教育というのは、基本的に家庭教育とはまったくの別物でした。私は学校では、内面（思考の中身、根拠の有無、動機といったもの）に関心を払ってもらった記憶がほとんどないのです。では教師が何に関心を払っていたかというと、結果（点数、勝負、合否など）です。先ほど、大学の名前のみに拘る受験生の志望理由には関心を示さない教師の話をしましたが、彼らは（大学の名前を含めた）合否という結果に関してはすごく興味を示し、一喜一憂するのです。そして、平気な顔をして「結果がすべて」などと言うのです。

そういった環境下では、しっかりと考えた上で、根拠を持って志望校を決め、一生懸命努力したものの、残念ながら試験には不合格であった者は、まったく評価されないことになってしまいます。このような人の内面に関心を払わない環境下では内面の強さを磨くことが難しいわけで、これでは生徒の芯の強さもなかなか身につかないのではないでしょうか。私にはこのような教育環境が、日本の高い精神疾患率・自殺率と無関係であるとは思えないのです。

そういった結果ばかりに拘泥する環境下では、往々にして生徒にできもしないことが要求されることになります。もう少し正確に言うと、「やろう」とすれば必ずできることと、その意志があってもできないことの区別が、曖昧にされる、もしくは、まったくなされないことになるのです。一生懸命やったのに結果が伴わなかったからといって、「結果がすべて」の一言で全否定されては生徒は救われません。

反対に、内面に関心を払ってもらい、評価してもらえれば、生徒は、とりわけ年齢が低ければ低いほど、褒められた点を伸ばそうとするはずです。例えば、自分の頭で考えた点を認めてもらえれば、その後も自分の頭で考えようとするはずなのです。その積み重ねが自分の主体的な考え方の形成に、そして、その人の芯の強さにつながっていくことになるのです。

第三章　生殖・医療倫理

カントは生来、あまり体が丈夫でなかったため、人一倍自身の健康には気を使っていました。その甲斐《かい》あって、結果的には八〇年近く生きることになります。当時としては大往生と言えます。

カントが活躍していた一八世紀の人々の寿命が短かったのにはいくつかの理由があります。まず、医療レベルの低さが挙げられます。例えば、学者たちは「人間は二本足で歩くのと、よつんばいで歩くのとどちらの方が健康によいか？」ということで論争するようなレベルでした。ちなみにカント自身は、よつんばい派でした。

また当時のプロイセンは、オーストリア継承戦争の名で一括《ひとくく》りにされるいくつかの小規模な戦争に加え、七年戦争など、戦争ばかりしていました（カントの生きていた時代は、いわゆる「第二次百年戦争」の時期にすっぽりと収まるのです）。カントの住んでいたケーニヒスベルクも一時ロシア軍に占領されていた時期がありました。戦争が今の私たちよりもずっと身近だったのです。

加えて、このことはカントの伝記に詳しく書かれていますが、*16 自身が長生きした分、第一章冒頭に紹介したジョセフ・グリーンをはじめ、カントは多くの友人の死に立ち会わなければなりませんでした。彼はその都度、生きる気力を削《そ》がれていき、また、自分自身が死ぬことを強く自覚していったのです。

本章では、そのような「死」を身近に感じて生きたカントの語る「死」や「生」について、今日私たちが抱える諸問題と絡めて、見ていきたいと思います。

一節　なぜ子供をもうけるのか

まずは「生」について、具体的には、その生がはじまる、人間の誕生について考えてみたいと思います。一般的には、子供が生まれることは、「めでたいこと」と受け止められます。しかし、本当にそれは「めでたいこと」なのでしょうか。

ユダヤ系ドイツ人のハンス・ヨナスという哲学者は、ナチス・ドイツの時代に、身の危険を感じたためドイツを去りました。しかし、残った母親は不運にもアウシュビッツに送られてしまいました。そんな自らの経験も相まって、人類が存在すること自体に価値を見出しました。しかしながら、なぜそこに価値があるのかという点については、それは公理であり、論理的説明には適さないとしました。子供を産むこと、そして人類が存続することが正しいことであるというのは、実はそれほど自明なことでもないのです。

図5　ベネターの主張

Xは存在する	Xは存在しない
苦痛がある 悪い	苦痛がない よい
快楽がある よい	快楽がない 悪くない

反対に、人は子供を産むべきでないこと、人類は滅亡すべきであることを説く論者もいます。「反出生主義者」と言われる人たちです。有名どころではショーペンハウアーの名前を挙げることができます。現役でもっとも有名なのは、南アフリカのデイヴィッド・ベネターになるかと思います。

ベネターの主張について簡単に説明すると、生きているなかで感じる苦痛は「悪い」のであり、快は「よい」と言えます。他方で、生まれてこなければ、苦は感じません。これは「よい」となります。ここから先がミソなのですが、生まれてこないことによる快楽の欠如は「悪い」ではなく、「悪くない」となるのです。図にすると上のようになります（図5）。

この図にあるように、ベネターの考えによれば、存在しない限り「悪い」にはならないのであり、そのため（つまり、この快楽と苦痛の非対照性のゆえに）子供は産むべきではないという結論が導かれると言うのです。

もちろん、人によっては自分の人生についてよい人生であり、生まれてきてよかったと言うでしょう。それどころか大多数の人がそう主張するかもしれません。しかし、ベネターは「ポリアンナ効果」を持ち出して、[*17]生きていくのは本当は苦しみに満ちているのに、多くの人はそれが見えていないだけであると説くのです。

ただしベネターは、すでに生まれてしまった人に向けて、直ちに死んだ方がよいと言っているわけではありません（つまり自死を促しているわけではありません）。死は、本人には不安や恐怖がつきまとい、また、周りの人間には悲しみ、苦しみが伴うためです。ベネターは生が苦しみに満ちていることを理由として、その苦しみを感じる主体を新たに生み出すべきでないことを唱えているのであり、自死というわざわざ苦しみがもたらされる選択肢を提示するようなことはしないのです。

そして、ここから先が少し分かりにくいところなのですが、ベネターはしかしながら、今すぐに全人類が一斉に子供を産むことを止めるべきだとまでは主張しないのです。というのも、突然誰も子供を産まなくなると、今生きている人々の負担が極端に大きくなってしまうためです（というか、私に言わせれば、負担が極端に大きくなるどころか、世の中は途端に衰退すると思います）。そのためベネターは、徐々に人口を減らしていくべきことを説くのです。[*18]

では、どれくらいのスピードで人口を減らしていくのがベストなのでしょうか。ここが肝になるはずなのですが、ベネターは、少なくとも私の知る限り、この問いに答えていません。答えられないのだと思います。というのも、あまりに極端に低い出生率を掲げてしまうと、自らが指摘しているように現役世代に大きな負担がかかってしまうことになり、反対に、緩やかな少子化であれば、ベネターに言われるまでもなく先進国ではすでに起きていることだからです。その現状肯定、それどころか現状をベストとする結論には、多くの人は納得しないでしょうし、「反出生主義」という看板とも乖離《かいり》が生じてしまいます。

現在の日本が抱える多くの問題は、人口が減少することによって生じていると言えます。そう考えると、私たちには人口バランスを調整する倫理的義務が生じることになるのではないでしょうか。この問題については、第四章一節「環境を保つためには人が必要」において再度、取り上げることにします。

二節　あなたなら出生前診断を受けますか

本書の後半、第六章四節「障害者差別」のところで改めて考察を加えることになりますが、植松聖《さとし》は「障害者は社会にとって害悪しかもたらさない」という考えのもと、障害者施設の入所者一九人を殺害し、職員も含め二六人に重軽傷を負わせました（いわゆる「相模原障害者施設殺傷事件」）。このような植松の主張に賛同する人はほとんどいないと思います。

他方で、出生前診断によって生まれてくる子供が障害を持っているかどうか調べ、そして、生まれてくる子供が障害を持っている可能性が高いことが分かった時点で堕胎する親が大勢いることもまた事実なのです。

ここには、自分が当事者でなければ賛同を示さない（それどころか批判する）のに、当事者になった途端に賛同する（それどころか積極的に加担する）という歪《いびつ》な構造が見てとれるのです。もっとも、植松聖の殺人と、障害児が生まれてくることを回避するための親による中絶とでは、すでに生まれた生命であるかどうか、そして、血縁関係があるかどうか、また、人数という点でまったく同列に扱うことはできません。しかし、その根本部分にある思想、すなわち「障害者は生まれてこない方がよい」という根の部分において一致しているのです。しかも、出生前診断で非確定的検査を用いた場合、生まれてくる子供が障害を抱えていることが確定しているわけではありません。その段階で中絶するということは「むしろ一歩踏み込んでいる」とさえ言えるのではないでしょうか。

ただ、誤解しないでいただきたいのですが、「出生前診断をすることや、その結果によって胎児を中絶することに反対」という話ではありません。カント倫理学に鑑みても、そんなことは言えません。行為そのものは倫理的には無記（善でも悪でもない）であり、善悪は行為者の動機の質にかかっているためです。

私が本書で出生前診断について扱おうと思ったのには、それなりの理由があります。私の知人の小児科医が、ある夫婦について（むろん匿名で）話してくれたのです。彼らは出生前診断を受けた結果、生まれてくる子供がかなりの確率でダウン症であることが分かりました。それでも彼らは、その子供を産む決断を下したのです。そして実際に生まれてきた子供は、予想された通りにダウン症だったのです。それでもその夫婦はその現実を受け止め、子育てに取り組んでいるのです。

私などはその話を聞いたときに涙が出そうになったのですが、後から振り返ってみると、結局、他人事《ひとごと》だから感動できたのかもしれません。知人の小児科医曰《いわ》く、その夫婦はその後、ずいぶんと辛《つら》い思いをしたそうです。夫婦の両親は出産に反対だったということで、出産後は関係が悪化して疎遠になり、また、何人かのそれまで親しかった友人も去っていったといいます。

この話を結論に持っていく前に、室月淳《むろつきじゅん》著『出生前診断の現場から——専門医が考える「命の選択」』に見られる、ある記述を紹介したいと思います。その内容が、カント倫理学、ならびに、この話の結論につながっていくためです。

出生前診断を受け、判断を迫られた人たちを大勢見てきた著者は以下のように述べています。

こういったことを遺伝カウンセリングの立場に引きつけて論じると、すべての人間はたとえ危機的状況におちいっても、正確な情報が与えられ理解することができれば、適切な対応ができると考えます。

著者の室月医師は、子供を産むか、産まないかの判断について、妊婦さんとそのパートナーは適切な対応をとれるはずであると考えているのです。ただ、ここで言う「適切な対応」とはいかなることを意味しているのでしょうか。

先に紹介した、生まれてくる子供が高い確率でダウン症であろうことを分かっていても産んだ夫婦は、私の知人の小児科医から詳しい説明を受けて、熟考した上で結論を出したのです。それでも、周りから「お前の判断は間違っている」「生まれてきた子がかわいそうだ」などと非難されたのです。そんなことを言われれば、もちろん心を痛めます。それでも、室月医師は「適切な対応」だった、と言えるのでしょうか。

この「適切な対応」という表現に分かりにくさがありますが、私はカント倫理学の理論でうまく説明できるのではないかと思っています。カントは道徳法則の導出に、万人に妥当するという意味での「正解」「不正解」はないと言います。自分が道徳法則であると確信したものが、道徳法則なのです。それを利己的な理由によってではなく、非利己的で純粋な善意志からなしたのであれば、それは道徳的善なのです。つまり、少なくとも倫理的には「適切な対応」なのです。

同じことですが、本人が道徳法則だと思ったものが道徳法則なのであり、それが実は道徳法則ではなく、その誤謬のために道徳的価値が認められないといったことは起こりえないのです。

室月医師も同じようなことを述べています。


逆説めいた言いかたになってしまいますが、「正しい選択」などというものはないと知ることです。絶対的な「正しい選択」など、もともと存在しないのです。　（同前）

例えば、「ダウン症の子供を持ったら今の仕事なんて続けられないぞ」という言明があれば、その言明が正しいかどうかは後から他人が客観的な視点から判定を下すことができます。しかし、ある判断が倫理的に正しいかどうかについては、そうはいかないのです。万人に共通する「正しい選択」などないのです。もしそんなものがあるのであれば、誰か（それはそれで「その誰かとは誰なのか?」という問いが生じますが）が提示し、私たちはその判断に盲目的に従っていればいいことになります。しかし、そんなことはあろうはずがないのです。

出生前診断や中絶に限らず、ひょっとすると読者のなかにも同じような経験をした人がいるかもしれません。つまり、自分では真剣に考え、それが正しいと思って、利己的な打算を抜きに行為したものの、周りからは認められず、批判され、深く傷ついたという経験です。仮に、そのようにして結果が伴わなかったとしても、自分を責めないでほしいと思うのです。あなたの道徳的な正しさは、結果や周りの意見に関係なく、絶対的な価値を有しているのですから。

三節　遺伝子操作の是非

現在、妊娠中にダウン症であることが分かった時点で、遺伝子操作によって、ダウン症の原因となる二一番染色体を不活化するための研究が進められています。一見したところ、すばらしい話のように思えるかもしれません。しかし、仮にそれが技術的に可能になったとしても、すぐに実用化とはならないと思います。そこには倫理的な問題が横たわっているためです。「ダウン症を回避するためであれば、遺伝子操作したっていいではないか」と思う人がいるかもしれません。しかし、ここには「本当にそれだけに留まるのか？」という疑問がつきまとうのです。倫理学の分野でよく持ち出される論法として「滑りやすい坂論」というものがあります[*19]。ダウン症の話に絡めて言うと、遺伝子治療をダウン症予防のために認めてしまうと、別の病気にも認めざるをえなくなってきます。しかし、何を「病気」と称するかは、実は線引きが難しく、それが際限なく広がっていってしまうことが考えられます。それが行き着くところまで行ってしまうと、親が見た目も能力も自分の希望した通りの子供を産むこと、つまり、デザイナーベビーになってしまう恐れがあるのです。

デザイナーベビーの何が問題なのかというと、お金持ちは遺伝子操作をして、優秀な子供を授かることができるものの、貧乏人はそれができないということになりかねないからです。貧富の差は今よりも一層拡大し、しかも埋めがたいものとなることが容易に予想されます。そして、もし社会がその方向に進めば、かつての優生学が息を吹き返すことになるでしょう。ナチス・ドイツや、かつての日本に見られたような、優秀な人間は生きるに値するものの、そうでない人間は生まれてこない方がよいということになりかねないのです。

このような議論のなかで、一見したところ極端な主張を展開しているのが、シュテファン・ローレンツ・ゾルグナーです。彼は「トランスヒューマニスト」を自称します。トランスヒューマニストとは、最先端の科学技術を用いて、人間の能力を向上させることを良しとする立場です。彼は哲学畑の人間で、もともとはニーチェ研究者でした。ニーチェの思想は「超人思想」とも言われます。そこでは、普通の人間は超克されるものとして考えられているのです。ゾルグナーは自分の思想をそこに重ね合わせて、遺伝子操作によって人間というものは超克されうるし、そうすべきだと唱えるのです。具体的には、生まれてくる子供に遺伝子操作を施して、より長く生きられる、そして、より高い認識能力を備えた人間を作り出すべきであると言

苦境にある人間はそれぞれ、自分が他の人間によって救われんことを願っている。しかしながら、他方では、他人が苦境にあった場合に援助を与えたくないという自分の格率を公にしてしまうと、すなわち、その格率を普遍的な許容法則としてしまうと、自分自身が苦境に陥った場合に、誰もが同じように自分に援助を与えることを拒絶するか、あるいは少なくとも拒絶する権利をもつことになるであろう。（中略）この場合、自身の行為原理は自己矛盾するのである。（同前）

「私は困っている人がいても助けない」と公言し、それが許されるものであると主張してしまうと、他人も同じ立場をとることを許容しなければならなくなるのです。つまり、自分自身が困っているときに誰も助けてくれなくてもよいことになります。もしそこで助けを求めるようであれば、その者は矛盾を犯していることになるのです。

小児科医ハースは、臓器移植をしている現場に足を運ぶようにシュミット・ヨルツィヒに訴えます。彼のなかには、救われる命があることを目の当たりにすることで、彼女の考え方が変わっていくはずであるという確信があるのです。これも、カントがほぼ同じことを述べています。

必要最低限のものを欠いているような貧しい人々のいる場所を避けて通るようなことはせず、むしろ、そこを訪問すること。また、おさえることのできない苦痛を伴う共感を回避しようとして、病室や罪人を収容している監獄などを見捨てようとしないことなども義務である。（同前）

カントは、不遇な人のもとを訪れ、接することによって、人は共感感情を持ち、陶冶することができ、それによって、より相手に寄り添って考えることができるようになると考えているのです。それは道徳的善のきっかけになるために、カントはそれを（間接的な）義務と見なすのです。

また、ハースはシュミット・ヨルツィヒに、この問題について自身の子供たちと話し合うべきことを説いています。自分という一方的な視点にのみ留まるのではなく、他者の意見を聞きながら、さまざまな立場に立って考えた上で、自らの態度を定めていくことが重要であるという彼の姿勢が見てとれます。

しかしながら、シュミット・ヨルツィヒは、臓器移植をしている現場に行くことも、子供たちと話し合うことも約束しませんでした。彼女は最後まで臓器提供に傾くような姿勢は見せなかったのです。彼女の話を聞いていて、「亡くなった子供の母親」という視点から動こうとしていないように私には感じられました。

ところで、インタビューには三歳の娘を亡くしたものの、臓器提供を申し出た家族の話も出てきます。交通事故で亡くなってしまった女の子が臓器提供をしたおかげで、三人の幼い命が救われたというのです。死んでしまい、どのみち灰になる運命の我が子の体が、複数の子供の命を救うことにつながるのであれば、私にはそれを拒否する理由を見つけることができません。

とはいえ、実際に自分の子供が死んでしまったら、別の感情が芽生えるかもしれません。ただ、そういった刹那的な感情に流されてはいけない、抗《あらが》わなければならないと思うのです。

五節　自分の命よりも大切なもの

カント倫理学によれば、倫理性は意志のあり方によって決まることになります。道徳法則に従った行為を非利己的で純粋な善意志からなせば、道徳的に善であるし、反対に、利己的な理由から意図的に反法則的に振る舞えば道徳的悪となります。行為そのものは徹頭徹尾、道徳的には無記（善でも悪でもない）なのです。だとすれば、自死という行為そのものも無記であるはずです。

ところでカント自身が、自死が倫理的に許容される可能性について吟味している箇所があります。そこでは具体的に二つの例が挙げられています。ひとつは、敵国に捕らえられてしまった君主が、人質となることで自国が不利になるようなことがないように自ら死を選ぶケースであり、もうひとつは、死に至る伝染病にかかってしまった者が他人に病気をうつしてしまうことを避けるために自らの命を犠牲にするケースです。

しかしそこでカントは、自死が許容されることを明確には言明していません。というか、カントという人は、著作の上では、自死に対してはほとんど否定的なことしか述べていないのです。ここで私たちは当時の時代背景について考慮に入れておく必要があります。彼にはそもそも自死を肯定するような発言をすることは許されていなかったのです。当該の著作[*22]が発表されたのは、一七九七年であり、宗教検閲があるフリードリヒ・ヴィルヘルム二世の時代でした。国教であるキリスト教の教義に反する内容、つまり、自ら命を絶つことについて肯定的なことを書くわけにはいかなかったのです。ちなみにカントは、すでに一七九二年の時点で、悪についての論文を発表しようとした際に、国家検閲によってキリスト教の教義に反すると判断され、印刷不許可の命を受けていました。ところが大胆にもカントは、その翌年に同論文を『たんなる理性の限界内の宗教』の第二篇にすえて刊行したのです。この代償は少なくなく、カントはその後、国王から宗教に関する著作や講義の一切を禁止する勅令を受けてしまったのです。つまり、カントはその当時すでにイエローカードを受けており、より慎重な態度をとらざるをえない状況にあったのです。

同時代のカントの周りに目をやってみると、彼が若かりし頃、まだ家庭教師をして生計を立てていた時分、一七五五年にイギリスにおいて、デイヴィッド・ヒュームが、自己決定権を根拠に場合によっては自死を認める論文を執筆しました。その名も「自死について」です。しかし、それが実際に刊行されたのは、それから二〇年以上も経ってからのことでした（一七七七年）。ヒュームは、自分の生きている間に発表してしまうと、弾圧されることが分かっていたので、計画的に死後に発表したのです。

ただ、カントがまだ若かりし頃、啓蒙君主フリードリヒ二世（フリードリヒ大王）の時世には検閲もなく、比較的自由な空気が流れていました。その時代に彼が行っていた倫理学講義において、先ほどの例と似た、君主が敵国に捕らわれるという例が挙げられ、そこでは自らの命を絶つことが「徳」（Tugend）と見なされうるケースについて言及しています。


カトーはカエサルの手から逃れられないと悟ったので、自ら生命を絶ったのだが、（そのときに）まだ全国民が彼を頼りにしていた。しかし、自由の擁護者である彼が屈服するとしたら、直ちに他の人々は「カトーが屈服するのなら、われわれはどうすべきなのか」と途方に暮れるであろう。しかし、彼が自死を選ぶのであれば、きっとローマ人はまだ自分たちの最後の力を自分たちの自由の擁護のために犠牲にすることができるであろう。ではカトーはどうするべきだったのか。かくしてカトーは自分の死を必然的なものであると受け止めたのだと思われる。彼は、自分はもうカトーとして生きられないのだと考えたのである。このような自死がひとつの徳である場合は、それが偉大に見えることを認めざるをえない。

（『コリンズ道徳哲学』）

カトー（小カトー）は生前に、自らの命よりも法の遵守を優先して毒杯を仰いだソクラテスの姿が描かれた『パイドン』を熟読していたそうです。カトーは偉大な哲人であるソクラテスの姿を自分に重ね合わせていたのかもしれません。

カントが自死に対して肯定的な立場表明をしているのは、これが比較的寛容であったフリードリヒ二世の統治下であったことと、これが書物に著されたものではなく、倫理学講義のなかで語ったものであることが理由として挙げられると思います。この講義録は学生が書き写したものが元となっており、カントはそれが死後に刊行されるなどとは露も思っていなかったはずです。もしカントがこれが公にされることが分かっていたならば、もしくは、その可能性について少しでも頭のなかにあったならば、このようにはっきりと自死について肯定的に語るようなことはしなかったのではないかと思われます。[*23]

ただ、「自由の擁護のため」とか、「法を遵守するため」といった大義名分は、今を生きる私たちには分かりにくいものがあります。もう少し今の日本人にも分かりやすい例をひとつ挙げてみたいと思います。これは一九〇九年に北海道の塩狩峠《しおかりとうげ》においてに実際にあった出来事です。峠付近を走っていた電車の最後尾の連結器が壊れて、客車が下り坂をどんどんと下りはじめました。その先にはカーブがあり、このまま行けば谷底に落ちてしまいます。その場にたまたま居合わせた鉄道職員の長野政雄はハンドブレーキをかけましたが、スピードは落ちたものの、客車は止まりません。そのまま客車が山を下っていけば、電車はそのうち脱線し、大勢の人が命を落とすことになるのは目に見えています。そこで長野は自らの体を投げ出し、客車を止めることを決断したのです。長野は即死でした。しかし、彼の犠牲によって、大勢の人の命が救われたのです。これが倫理的義務たりえないと強弁することの方が難しいのではないでしょうか。

先ほどは、学問や自由を侵害、弾圧していたキリスト教の負の側面について触れましたが、この長野は熱心なキリスト者（カトリック）でした。今日であれば多くのキリスト教指導者が、長野の行為を尊いものと見なすのではないでしょうか。*24

六節　安楽死の是非

前節では、自ら死を選ぶことの倫理的意味について考察を加えました。自らの命を終わらせるかどうかということが問われるもっとも典型的な状況は、終末期医療、いわゆる、安楽死について考える場合です[*25]。現在の日本は超高齢社会であり、また、医療技術の進歩により、今後さらに自分自身や周りの人々が、命をどこで終わらせるかについて判断を迫られる機会が増えていくものと思われます。

この問題について語るのであれば、まず法的レベルと倫理的レベルを明確に分けて考える必要があります。日本には安楽死を認める法律はありません。しかし、現実には安楽死は行われています。まずは、そこにどのような背景があるのか見ていきたいと思います。

安楽死にもさまざまなパターンがあります。もっと細かく分けることもできますし、そんな線引きなど厳密にはできないという意見もありますが、とりあえずここでは大きく二つのタイプに分けて話を進めていきたいと思います。ひとつは、医師が薬剤などを注射して積極的に患者を死に至らしめる「積極的安楽死」、もうひとつは、延命治療を止めることによって死期が早まる「消極的安楽死」です。

まずは積極的安楽死について論じていきます。一九九一年に、東海大学医学部の助手であった医師が、多発性骨髄腫であった患者の息子から、苦しむ父親の姿を見ていられない、楽にしてやってほしいという強い要望を受け、塩化カリウム製剤などの薬物を患者に注射し、死亡させるという出来事がありました。

その後、当該医師は法的な罪を問われることになりました。横浜地裁は一九九五年三月二八日の判決を下した際に、積極的安楽死が認められる条件として以下の四つを提示しました。

一、患者に耐えがたい激しい肉体的苦痛が存在すること
二、患者は死が避けられず、かつ死期が迫っていること
三、(生命の短縮を承認する)患者の意思表示があること
四、患者の肉体的苦痛を除去・緩和するために、他に医療上の代替手段がないこと

判決では、加害者とされた医師は、一、三、四の要件を満たしていないとして、殺人罪が適用され、懲役二年、執行猶予二年の有罪判決を受けたのです。

その後は、これら四要件を満たす限りで積極的安楽死は許され、実施されるようになったのかと思われるかもしれませんが、そうではありません。これまでのところ、これらの要件を満

たしていても、積極的安楽死が有罪とならなかったケースは一例もないのです。[*26] つまり、先の四条件は実質的には「あってないようなもの」であり、日本では積極的安楽死は現状では許されていないのです（結局、法的裏付けがないことに加え、後に出てくるガイドラインにおいて許容される安楽死から積極的安楽死が除外されていることが理由であると考えられます）。

日本で実際に行われている安楽死は、消極的安楽死に限定されているのです。しかしながら、すでに触れたように、日本にはそれを認める法律があるわけではありませんし、これについては（積極的安楽死と異なり）裁判所が許容される要件を提示しているわけでもありません。では何が基準となって消極的安楽死が運用されているのかというと、それは、厚生労働省の示したガイドライン[*27]です。

ガイドラインには以下のように記されています。

人生の最終段階における医療・ケアについて、医療・ケア行為の開始・不開始、医療・ケア内容の変更、医療・ケア行為の中止等は、医療・ケアチームによって、医学的妥当性と適切性を基に慎重に判断すべきである。

（「人生の最終段階における医療・ケアの決定プロセスに関するガイドライン」）

先ほど挙げた横浜地裁が提示した四条件とは異なり、どのような場合に消極的安楽死が許されるのかについて具体的なことが書かれているわけではありません。非常に抽象的な記述と言えます。

条件が明確に示されていない点を「抽象的（過ぎる）」と批判することもできますが、裏を返せば、医師の裁量に委ねられているということであり、柔軟性があるとも言えます。例えば、ガイドラインには、患者本人の意思が確認できない場合は、家族と医療・ケアチームが話し合って決めるべきことが記されています。[*28] つまり、本人の意思は安楽死のための必要条件とされていないということになります。

この点については、いわゆる「本人の意思」を尊重することの難しさが反映されていると言えます。というのも、特に年配の患者の場合は、認知症がはじまってしまっていることが少なくなく、どの程度本人の意思が有効なのかということが判定しにくいケースが多々あるのです。仮に頭脳は明瞭であっても、判断が誤った情報にもとづいたものである場合や、正しく十分な情報を得ていた上でもあとから考え方が変わるということもありえます。一度は無数のチューブにつながれてまで延命治療を受けたくないという意思を示していたものの、いざその時が迫ってくると、極端な話、自分が意思疎通できなくなってから「やっぱり生きたい」と思い直すことだってありうるのです。つまり、「本人の意思」「本人の同意」という一点をとっても、さまざまな論点があり、判定しがたいケースが無数にあるのです。

いざというときに本人も周りの人間も苦しまないですむように、ルール作り（法整備）が大切であることに異論はないはずですが、現実には非常に難しい作業となります。ここでは、日本において、法的には（カントで言う「法論」のレベルでは）消極的安楽死が認められている、つまり、法的に自らの延命治療を望まない選択肢が担保されていることを確認するに留め、話を本題である、倫理的な（カントの言う「徳論」のレベルにおける）義務に絞りたいと思います。

ここで問いを具体的に明文化すると、定言命法に絡めて、「私は自身の延命治療を断念する」（つまり、消極的安楽死に踏み切る）という格率が、普遍的な視点から望ましいものと見なされる状況が本当にありうるか、ありうるのであれば、それはいかなる状況なのか、ということになります。

ここで生命倫理学者のジョン・ハードウィッグの報告する実例を紹介したいと思います。すでに病気がかなり進行していた八七歳の女性は、半年の生存率は五〇パーセント以下と見積もられていました。結局彼女は徐々に弱っていきながらも、その後二年間生き長らえたのですが、その間の治療費を払うために、唯一の肉親である五五歳の娘は、自らの貯金だけでは足りずに、住んでいた家まで売り払わなければなりませんでした。また、つきっきりで介護しなければならず、仕事も辞めざるをえませんでした。つまり、その高齢の母親は寝たきりの状態で自分が二年間生き長らえるために、娘の人生を狂わせてしまったのです。*29

ハードウィッグの論文には、八七歳の女性が最大限の延命を望んだのは、自らが生きたかったためである（つまり、個人的な願望であった）ことが記されています。だとすれば、その女性の行為に道徳的価値は見出すことはできません。他方で、同様の状況で、行為者が別の動機から行為することも十分に想定できるはずです。つまり、余命がいくばくもない者が、残された人に多大な負担をかけないために義務から延命治療を断念する可能性です。

そこで私のなかには、ひとつのカントの言葉が思い浮かぶのです。先ほど私は、倫理学講義に見られる、カントのカトーを例にした自死に対する肯定的な発言を引用しましたが、その少し後には以下のような記述が見られます。

世の中には、生命よりもはるかに重要なものがたくさんある。道徳性の遵奉は、生命の保存よりもはるかに重要である。道徳性を喪失するよりは、生命を犠牲にする方がよい。生きることが必須なのではなく、生きる限り尊敬に値するように生きることが必須なのである。

（『コリンズ道徳哲学』）

少なくとも私個人としては、自分が徐々に衰弱しながら一、二年生き長らえることと、自分の子供の人生を狂わせることを天秤《てんびん》にかけたならば、子供の人生を優先させます。カントの言い方によれば、そのような生き方こそが尊敬に値する、または、より強い義務づけの根拠（二つ以上の義務が拮抗しているように見える状況下でどうするべきかという議論において出てきた表現）を見出します。

とはいえ、これは私の個人的な考えであり、別様に判断する人もいるかもしれません。道徳法則とは各人が主体的に導き出すものであり、どちらも道徳的価値を持つ可能性があるのです。私自身も時が経つとともに考え方が変わるということもあるかもしれません。大切なことは、自分が健康で頭が働くうちからこういった問題について真剣に考え、自らの立場を明確にしておき、不慮の事故等で突然意思疎通ができなくなってしまう可能性も頭に入れて、家族など身近な人に自分の意思を伝えておくことなのです。

七節　まとめ

カントが何か倫理的な立場について言明しているように見えても、発言内容が彼の理論から必然的に導かれるものであるとは限りません。その理由はいくつか考えられます。まず、そこから導かれる帰結が時代的に許されないものであるような場合、その中身について発言する際は、誤解を招きかねないような遠回しな言い方や婉曲《えんきょく》な表現をせざるをえないことになります。または、時代背景が本当に本人の思考を制約してしまっているということもあるでしょう。同じようなことは他の哲学者・倫理学者のうちにも（当然のように）見られ、例えば、アリストテレスは奴隷制を支持していました。彼が生きた古代ギリシアは奴隷なくしては成り立たない社会だったのです。奴隷制を否定することは現実的に困難であったし、そもそもそういった発想を持ちにくい土壌だったと言えます。アリストテレスは本心から奴隷制を肯定していたのか、それとも内心では煮え切らない部分があったのか、あったとすれば、それはどの程度だったのか、私たちにははっきりとしたことは分からないのです。加えて、アリストテレスにしろ、カントにしろ、または功利主義者であるベンサムにしろ、ミルにしろ、彼らの時代背景などは関係なく、単純にその個人が誤謬を犯しているという可能性もあるはずです。私たちは、さまざまな可能性を頭に入れて、どこが学問の名に値する理論を形成する部分なのか見極める必要があるのです。

ところが現実には、とりわけカント研究においてその傾向は顕著なのですが、先哲の言葉の一切があたかもひとつの理論から導かれた極めて整合的なものであるかのようにして語られるのです。全体を見渡せばおかしいことが明白であっても、研究がタコツボ化しているため、全体像が（不整合をきたしていても）見えにくくなってしまっているのです。

その「不整合」の内容ですが、典型的なのは、一方では本書の解釈に沿うような形で、道徳性は意志の格率にかかっているという、いわゆる動機主義的なカント倫理学の姿を描き出しておきながら、他方で、（動機如何《いかん》にかかわらず）自死や虚言は道徳的悪であるという適法性主義的解釈を示すようなものです。前者と後者のすみ分けについて明らかにしない以上は、整合性はとれません。そして、整合性のないもの（それを「理論」と称することができるのかも疑わしいのですが）を個別の事象（実践）に適用することなどできないのです。本章のテーマに絡めて言うと、前者の立場であれば、他者を救うために自分の命を犠牲にすることや安楽死は道徳的に許容される可能性がありますが、後者の立場をとると、不可避的に道徳的悪であることになります。矛盾したもの（「理論」？）からは、矛盾した帰結しか導かれないのです。だとすれば、どこがおかしいのか見極め、それを取り除くなり、修正するなりすべきでしょう。

この矛盾に関しては、どこに問題があるのかは明らかで、道徳性の試金石が意志の格率に存することについては体系的な理論が提示されていますが、行為そのものに道徳性が宿るとか、行為を見れば道徳性が分かるという（解釈を可能にする単体の文は存在するものの）理論はまったく示されていないのです。[*30] つまり、カント倫理学とは、行為そのもののうちに道徳性を認める適法性主義ではなく、徹頭徹尾、行為に至るまでの動機（意志であり、格率）のうちに道徳性を見出す動機主義なのです。その点さえ見誤らなければ、その一貫した理論はさまざまなケースに適用できるはずなのです。本章で扱った、出生前診断、遺伝子治療、臓器提供、終末期医療などにまつわる倫理的問題などは、カント自身はほとんど自らの言葉では語っていません。彼の生前には存在しなかった問題ばかりなのですから当然です。それでも理論さえしっかりしていれば、応用は利くはずです。

具体的に個別のケースに理論を適用してみると、例えば、出生前診断に関して、診断を受けるかどうか、その結果を受けてどのように対応すべきかについて、道徳的な意味での万人に妥当する「正解」や「答え」などといったものは存在しないのであり、あるとすれば、せいぜい自分にとっての「正解」であり「答え」でしかないのです。それは自分で考え、自分で導く他ありません。

ただ、ひとりで考え、導くとなると、ややもすると一方的で独りよがりなものになりかねません。そういったことを避けるために、定言命法が必要となるのです。それは、さまざまな視点に立って考えることを求めてきます。出生前診断に関して言えば、母体であり、そのお腹《なか》にいる命であり、父親であり、家族であり、友人であり、社会の構成員であり、とにかくありとあらゆる人々の視点です。その上で、自らの格率をみんなが履行した場合の世界を想像してみるのです。そして、その世界が望ましいものであるかどうか吟味してみるのです。

ただ、このような手続きは思考実験であり、つまり、ひとりの人間の頭のなかで行われることになります。そのためカント倫理学は、モノローグで、独断的で、先ほどの表現を使えば「一方的で独りよがり」になりかねないと受け止められ、批判されることがあります。

しかし、そのような理解は表面的であると言わざるをえません。なぜならカントは、道徳的善のためには他者との触れ合いや対話が不可欠であると考えているからです。臓器移植の文脈で、カントが弱い立場の人と積極的に関わるべき義務について説いていることに触れました。そうすることによって、事情がよく分かるようになり、共感感情が働くようになるからです。つまり、一層その人に寄り添って考えることができるようになるのです。このこと自体が義務であると同時に、また別の義務をなすのに資することになるため、この種の義務は「間接義務」という言い方がされます。

もっと言えば、カント自身は語っていませんが、私は直接人に会うことだけがこの種の義務を可能にするとは捉えていません。なぜなら事情をよく知り、共感感情を陶冶すること自体は、例えば、本やネットなどの媒体を通じても可能であるはずだからです。

重要なことは、さまざまな立場の人に直接・間接に触れ、少しでも事情を知ろうとすること、そして、共感感情が働くよう環境を整えることなのです。そうすることによって道徳的善への土壌もまた整えられていくのです。

第四章　環境倫理

カントが活躍していた当時、「環境倫理」(Umweltethik)などという言葉は存在していませんでした。そもそも「環境」(Umwelt)という言葉すらありませんでした。彼の生きた時代がそうでしたし、カント自身も「人間中心主義」的な考え方にどっぷりと浸かっていたのです(「人間中心主義」という言葉の意味については後で説明します)。

しかしながらカントは、環境に対して無関心であったわけではありません。それどころか、カントの言葉には、今日にも通用する理念が含まれていると私は考えています。なぜカントが人間中心主義でありながらも、彼の思想のなかで環境倫理が成り立つと言えるのか、その真意について明らかにしていきたいと思います。

一節　環境を保つためには人が必要

前章において「生」と「死」について扱いましたが、人の「生」「死」は、環境に大きな影響を与えます。ということで、環境倫理の最初の節は、前章の生殖・医療倫理と深く関わる人口問題をテーマに取り上げたいと思います。

手塚治虫《おさむ》のマンガを読んでいると、よく環境問題が扱われています。手塚が活躍した一九五〇〜七〇年代当時は人口がどんどん増えていき、そのため生活圏の確保のために、森林が伐採され、自然が次々と破壊されていくことへの問題提起を含んでいました。不謹慎かもしれませんが、今から見ると私には「景気の良い話」に映ります。

手塚治虫の死後三〇年以上経った今では、逆に日本の人口は減少に転じ、過疎化が進み、特に地方では空き家が増えていっています。誰も管理しない空き家は朽ち果てていき、当然、景観としてよろしくありません。空き巣が入ったり、たまり場となったり、犯罪の温床にもなっているのです。

要するに、人口が増えていけば土地が必要になり、自然を破壊してでも人が住める場所を作り出さなければならず、環境破壊が起きてしまうのですが、かといって人口が減っていけば、それまで使われていたものが使われなくなり、管理する者もいなくなり、その結果、環境は荒れ果てていってしまうのです。そう考えると、これはデイヴィッド・ベネターの反出生主義に対して語ったことと内容的に重なりますが、環境という側面を考えても、やはり人口を一定数に保つよう努める、少なくとも急激な増加や減少は避けるよう努めるべきなのではないでしょうか。

とはいえ今の日本は、子供を産みたくても、簡単には産めない環境にあります。私の周りにも、特に就職氷河期世代である私の同世代には、子供が欲しいのに経済的な理由で諦めている人たちがたくさんいます。少子化は人々のマインドの低迷[*31]、それによる景気への悪影響、労働力人口の減少、税収減、医療費負担の増加、年金受給額の減少、それらに関連する世代間格差、国際的影響力の低下[*32]、過疎化など、さまざまな負の影響をもたらしています。国としては国民に子供を産んでほしいはずなのですが、にもかかわらずこれまで子供手当以外、ほとんど政策らしい政策を行ってきませんでした。

前世紀末に活躍したアメリカの政治哲学者、ジョン・ロールズは、「もっとも不遇な人に最大の恩恵を」と説きました。この主張に異を唱えるのは難しいと思います。子供のいる人、それもたくさんいる人は、子供のいない人に比べて、体力的、時間的、金銭的、精神的、さまざまな負担があることは明らかです。だとすれば、それ相応の見返りがあって然《しか》るべきなのですが、日本の現状では、負担ばかりが大きく、まったく割に合わないのです。だから多くの人が子供を産みたい気持ちはあっても、現実には産めないのです。さらに、現在はコロナ禍にあり、「産み控え」が懸念されます。

他方で、私が住んでいるドイツでは、そもそも出産に一円もかかりません。加えて「両親手当」（Elterngeld）というものがあります。子供が産まれた後で、一年間産休をとれば、過去一年間に稼いだ給料の三分の二がその間支給されるのです。私はその間それだけでギリギリ食べ

環境倫理における「環境」とは何を指すのでしょうか。基本的には「私たち（人間）の身の回りのこと」です。そしてそれは、人間以外の動物（Tiere）と、非生命体である物件（Sachen）に分けることができます。

まずは後者の、非生命体である物件に関して、私たちがどのように向き合うべきかについて、カントの立場を確認しておきたいと思います。

> 自然界の中で、生命はないが美しいものに関して、それをただ破壊しようとする性癖（破壊の心 spiritus destructionis）は、人間の自己自身に対する義務に反している。というのは、そのような性癖は、なるほどそれだけですでに道徳的というわけではないが、しかし、道徳性を大いに促進し、少なくとも道徳性への準備をする感性的な情である人間のうちなる感情を弱め、あるいは根絶やしにするからである。この感情とはすなわち、何かあるもの（例えば、美しい結晶、植物界の言いようのない美しさ）を利用目的がなくとも愛する感情である。
>
> （『人倫の形而上学』）

カントは自然界にあるものをむやみに破壊すべきでないことを説いているのですが、興味深いのはその理由です。自然界に存在するもの自身のためではなく、それを破壊することによってその人間の感情が弱まるからなのです。つまり、その理由は自然のうちにあるのではなく、人間のうちにあると言えます。ここにカントの思想が「人間中心主義」と言われるゆえんがあるのです。

続けてカントは、動物に関する義務についても論じているのですが、基本的に同じような理屈が述べられています。

> 被造物のなかで理性を欠いてはいるが、生命のある部分に関しては、動物を手荒に、そして、同時に残酷に取り扱うことは、さらに一層心の底から人間の自分自身に対する義務に背いている。なぜなら、そうすることによって、人間のうちに存在しているこれらの苦痛に対する共感は鈍磨され、それによって他人との関係における道徳性にきわめて役に立つ自然的素質もまた弱められ、次第に抹殺されることになるためである。
>
> （同前）

カントはここでもはっきりと言明しています。動物を手荒に扱うことは、動物に対する義務に関わるのではなく、自分自身に対する義務に背くことになるのだと。ここでも人間中心主義的な説明がなされていると言えます。しかし私個人としては、「動物を手荒に扱うような人物は、人間に対しても手荒に扱う方向に傾きかねないから、そういったことは慎むべき」という言明自体は間違っていないと思うのですが、いかがでしょうか。

カントがこのような発言をしたのは、デカルト以来の「動物は動く機械」であり、つまり動物など人間の都合でどう扱ったって構わないという考え方が根強く残っていた時代です。そのことを考えると、カントの立場は十分先進的であったと言えるのではないでしょうか。動物の権利が叫ばれ、動物に関する法律も整いつつある二一世紀を生きる私たちが、鬼の首をとったように、「人間中心主義的立場で、けしからん！」などと批判するようなことでもないと私は思うのです。

ところで今日、環境倫理という分野の先駆者として、よくアルド・レオポルドの名が挙げられます（彼自身は「土地倫理」（Land ethic）という表現を用いました）。レオポルドは若い頃、当時駆除の対象であった狼《おおかみ》を殺処分する仕事に就いていました。その頃レオポルドは、狼は悪い動物であり、駆除するべき対象であると叩き込まれており、また、それを信じていたのです。しかし、あるとき自分の撃った狼が死にゆく姿を見て、疑問を抱くようになりました。その後、彼は「悪い動物」「良い動物」などといった概念は人間が作り出した虚構であり、むしろ生態系を脅かす人間こそが危険な存在であると考えるようになったのです。

レオポルドがこのような考えに至ったのは二〇世紀に入ってからのことです。しかし、カントはすでに一八世紀において、やはり駆除の対象であった狼ですら、ぞんざいに扱うべきでないことを以下のように指摘していました。

人は動物を観察すればするほど、また動物と行動を共にすればするほど、それだけますます動物たちが好きになる。いかに熱心に動物たちが自分たちの子のために配慮しているかを目にすれば、そのとき人は狼に対しても残酷な考えは持てなくなる。

（『コリンズ道徳哲学』）

先ほどは否定的に、動物に対して残虐な者は人間に対しても残虐になりかねないので、動物を手荒に扱うべきではないことが説かれていましたが、ここでは肯定的に、動物に積極的に接することによって、動物に対してもやさしくなれるのであり、動物に対してやさしくなれる人間は、人間に対してもやさしくなれるはずであることが説かれているのです。環境倫理の先駆者として、レオポルド以前に活躍したカントの名を挙げることも、私はそれほどおかしなことではないと思っています。

動物倫理学の研究者である田上孝一《たがみこういち》は、カント主義者であるわけでもなく、片棒を担ぐ道理はないのに、カント倫理学には動物権利論の理論的基礎を見てとることができると肯定的な評価を下しています。[*35] 私自身も、カントによる人間の動物との向き合い方についての論考は、今を生きる私たちが学ぶべき論点を大いに含むものであると捉えています。

三節　食べられる側の苦しみ

カントと同年代に活躍したスコットランドの哲学者であるジョン・オズワルドは、自分がこれから食べるつもりであった動物に接し、彼らが殺される姿を見たら、その者は途端に肉を食べたくなくなるであろうと述べています。[*36] 動物に触れれば触れるほど、動物を手荒に扱うことはできなくなることを説くカントに通じるものがあります。

しかし、カント自身は、動物を殺して食べることの倫理的意味については何も語りませんでした。彼はそういった問いすら発していないので、彼のなかにはそもそもそういった問題意識がなかったのかもしれません。

当時は食糧を確保すること自体が困難なことでした。せっかく食べられるものを食べないという選択は現実的ではなかったのかもしれません。カントの死後に活躍したショーペンハウアーが、今日ではよく動物愛護の先駆者として紹介されます。彼は「共苦倫理」を掲げ、苦しみを感じる存在である動物に思いを向けるべきことを説いたためです。それでも彼は、食糧に乏しい北方の人々が肉を食べることを放棄することは現実的ではないとして、肉食自体を否定するようなことはしませんでした。[37]

しかし、そのショーペンハウアーが、食べ物に溢れたドイツや日本の現状において、多くの動物が苦しみながら殺されていることを知ったならば、何を言うでしょうか。おそらく反対の声を上げるのではないでしょうか（ただ彼の性格からすると、自分自身はちゃっかり肉食を続けそうですが……）。

また、動物を殺して食べることに関しては、功利主義がその創成期から批判的な姿勢を示していました。序章一節でも触れましたが、功利主義とは、幸福の総量を増大させる傾向を持つ行為を善とし、反対に、減少させる傾向を持つ行為を悪と見なす立場です。そこで言われる「幸福の総量」には、人間のみならず、動物も含まれるのです。

功利主義の創始者のひとりであるジェレミー・ベンサムは、その点について以下のように述べています。

問題は、理性を働かせることができるかとか、話すことができるか、といったことではなく、苦痛を感じることができるかどうかということである。

（『道徳および立法の諸原理序説』）

動物には理性が十分には備わっていないかもしれません。話すこともできないかもしれません。しかしベンサムは、それらを基準にして線引きをすべきでないと言うのです。仮に動物は十分に理性的でないとしても、そして、話すことができないとしても、苦痛を感じることはできるのであり、そこを基準とすべきであると説くのです。快楽を道徳的善、苦痛を道徳的悪と捉える観点からすれば、筋は通っています。[*38]

しかし私は、そのような主張を展開する人たちに対して二つの問いを発したいと思います。ひとつは、動物を殺して食べる場合、確かに動物の側には苦痛が伴うものの、それによって肉を食べられる人間の側の幸福が増大するはずであり、そして合算すれば、幸福の総量は動物を殺して食べることを止めた場合より増加することも十分考えられるのではないかという点です。もし合算で幸福の総量が増加するのであれば、功利主義的にも動物を殺して食べることは、単に許されるというだけではなく、むしろ積極的に、肯定されることになるのではないでしょうか。

もうひとつの疑問点は、ひとつ目の疑問とも被《かぶ》るのですが、そもそも私たちは、すべての人間とすべての動物を含めた幸福の総量など見積もることができるのかという点です。もし、できないのであれば、功利主義的な立場から動物を殺して食べることが不正であることは立証できないことになるのではないでしょうか。

功利主義と動物倫理の両方に造詣が深い哲学研究者・伊勢田哲治の指摘している通り、功利主義から必然的に肉食の禁止が導かれるわけではありません。動物がまったく苦しまずに死ねるのであれば、許容されうるはずなのです。[*39] 実際に、先に名前を挙げたベンサムも、現役でもっとも有名な功利主義者であると思われるピーター・シンガーも、決して肉食自体を否定していません。さらに言えば、単に消極的に許されるだけではなく、積極的に肯定されるケースすら、私たちは想定しうるのです。例えば、人間の管理下のもと、まったく外敵がおらず、適切な医療を受けられ、餌も自分で探す必要がなく、苦痛の少ない楽な死を迎えられるのであれば、野生で生きていくよりもよほど恵まれているのではないでしょうか。[*40]

ただ残念ながら、現実はまったくそうなっていません。つまり、人間に食べられるために、多くの動物が苦しみながら死んでいっているのです。動物がまったく苦痛を感じないように処分することは技術的には十分可能なはずです。しかし、それには時間とコストがかかってしまうのです。ただ裏を返せば、技術が向上し、時間とコストが抑えられるようになれば、わざわざ苦しみを伴う方法を使う理由はなくなることになります。

技術的な話に関連して、前章において遺伝子操作の話をしました。動物に対して遺伝子操作を行い、彼らがまったく苦痛を感じない体を手に入れるということが考えられます。もし、それが実現すれば、痛みを根拠に置く以上、痛みを理由に肉食を禁止することはできないことになるはずです。

　または、動物をまったく介在させない方法も考えられます。具体的には、肉を使わずとも、同等、もしくはそれ以上の味や栄養を再現する技術を開発する方法です。実際、ベジタリアンが多いドイツは、この技術が進んでおり、私は大学の食堂で肉だと思って食べたものが、実際には肉ではなかったと後から知ることがあります。この技術がさらに進んでいけば、肉を食べる人の数は減っていくかもしれません。

　ひょっとしたら数百年後には、動物を殺すメリットがなくなり、誰も動物の肉など食べなくなっているかもしれません。未来の人々は「昔の人は動物を殺して、その肉を食べていたんだって」「えー、信じられない、残酷だよね」「絶対ムリー」などという会話をしているかもしれないのです。

四節　何かを口にしなければ生きていけない私たち

　肉を口にしない人たちを、一般的には「ベジタリアン」と称しますが、厳密には、さらに細かく分類することができます。人によって定義が異なるのですが、さりとて定義が曖昧なまま話を進めてしまうと理解の妨げになる可能性もあるので、それを避けるためにも以下に私なりの定義と分類を示しておこうと思います。

まず、肉や魚といった、いわゆる動物の「死骸」を食べない人々のグループです。多くの人が「ベジタリアン」と聞いてイメージするのは、このタイプだと思います。

また、単に肉や魚を食べないだけでなく、動物性の物を一切口にしない人々のグループが存在します。動物性の物とは、例えば、乳製品や卵などです。一般に「ビーガン」と呼ばれる人たちがそこに含まれます。反出生主義の話に出てきたベネターはビーガンを自称しています。ベネターは、生が苦に満ちていることを理由として、子供を産むべきではないことを説く論者ですが、人間のみならず、動物の苦しみも取り除くべきであるという考えがあるのです。この点では筋が通っていると言えます。

では、ビーガンの人たちは何を食べるのかというと、基本的には植物です。つまり、サラダです。また穀物やナッツや種なども口にします。彼らの食生活はかなり限定されており、すでに十分厳格だと思いますが、それでもなお、「ビーガンは植物を殺している」と言えなくもありません。そして実際にそう考える人々がいるのです。彼らは、何も殺さないように、フルーツを中心に栄養を摂取しています。また、ナッツや種なども命を奪うことにならないので食べることができます。彼らが食べる物は基本的にはフルーツが中心になるため、彼らはしばしば「フルータリアン」と呼ばれます。

図6　ベジタリアン・ビーガン・フルータリアン

ベジタリアン	肉や魚を食べない。
ビーガン	肉や魚のみならず、乳製品や卵も口にしない（動物性の物は食べない）。
フルータリアン	動物性の物のみならず、植物も口にしない。フルーツを中心に、ナッツ・種など、相手の命を奪うことにならないものしか食べない。
厳格なフルータリアン	動物性の物のみならず、植物も口にしない。フルーツも落ちたものしか食べない。あとはナッツ・種など。相手が痛みを感じる可能性のないものしか食べない。

しかし、そのフルータリアンも、木からもぎ取られたフルーツを食べるわけです。そこでは木が痛みを感じるとは考えられないでしょうか。「そんなバカな」と思われるかもしれませんが、実際に、植物も痛みを感じると主張し、そして、それを避けるべきであると考える人たちがいます。彼らは木からフルーツをもぎ取るようなことはせずに、落ちたフルーツしか食べないのです。あとはナッツや種など、食べられる対象が絶対に痛みを感じずに済むものしか口にしないのです。この立場は「厳格なフルータリアン」ということになります。

ここまでの分類を表にまとめると図6のようになります。

仮に（痛みを感じるかもしれないというレベルまで含めて）厳密に痛みを根拠に据えると、

許されるのは厳格なフルータリアンのみということになります。

ここまでの話からは、この厳格なフルータリアンだけは、誰も傷つけない、苦しめない、特別な地位にいるように映るかもしれません。しかし残念ながら、現実はそうではないのです。というのも、私たちの身の回りにあるもの、例えば、道路、タイヤ、医療品、肥料、家の壁といったものは、ことごとく動物由来の成分が使われているためです。*41 要するに、私たちは（厳格なフルータリアンも含めて）誰もが例外なく、動物の犠牲の上に生きているのであり、そのくびきから逃れることはできないのです。

しかしながら、「だったら動物に対して配慮する必要などない！」「肉を食べたいだけ食べていいんだ」という理屈は成り立ちません。自分の頭で考え、判断を下すことの大切さについては、これまで何度も繰り返し述べてきました。自分が何を口にするかということも例外ではないのです。「万人が則るべき正解」などというのは存在しないのであり、私が何を口にするかということもまた、自分自身が考えて、決めるべきことなのです。私は、何も考えずに肉を食べている人間と、同じように肉を食べるものの、そのことの意味についてしっかりと考え、自分の意見について理路整然と語れる人間の間には、天と地ほどの差があると思っています。

私自身のことについて話せば、先ほどの、肉だと思ってとった料理が実は肉ではなかったというエピソードからも分かるように、普段肉を食べます。というか大好きです。しかし、週に一日は肉を食べない日を設けるようにしています。肉の消費を少しでも減らすべきであるという思いからです。とても小さなことです。しかし、倫理というのは小さなことの積み重ねで成り立つものだと私は考えています。

五節　ドイツの現状とそこに生きる私の立場

前節において触れたように、私は肉を食べますが、何も気にせず肉を買っているわけではありません。特に卵と肉を買う際には、必ず注意していることがあります。

まずは卵の話からはじめたいと思います。次ページに写真（上）を載せておきました。卵の真ん中あたりに「ＮＬ」と書いてあります。これはニーダーランド（Niederland）つまり、オランダ産ということです。ドイツで買える卵は基本的にヨーロッパのどこかから来ており、産地の国名が記されています。また、その右にある七桁の番号から、業者を特定することができます。

そして、私が卵を買う際に、必ず見るのは、一番左にある数字です。「０《ゼロ》」から「３」までの数字が振られています。つまり、四段階に分けられています。そしてそれが意味するのは以下の事柄です。

ドイツの卵に付けられた記号。著者撮影。

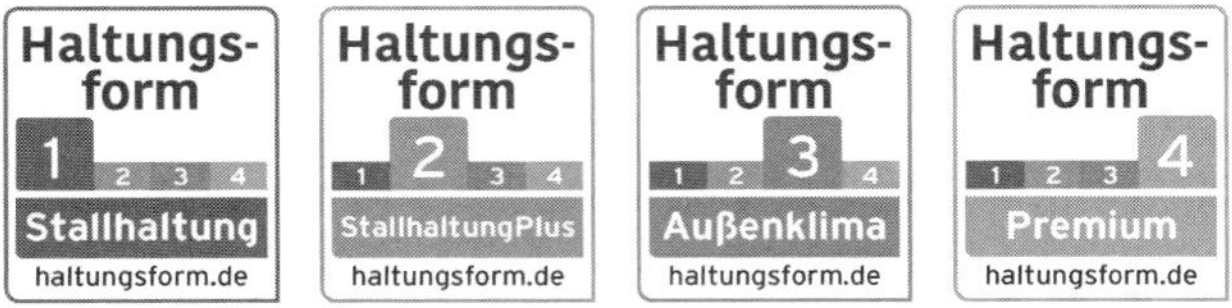

飼育環境が分かる肉のクラス分類。　画像提供：obs/Kaufland/ITW

0　有機食品＝ビオ（bio）
1　野外飼い
2　屋内飼い
3　籠飼い

「有機食品」とはドイツ語では「ビオ」（bio）と呼ばれ、その意味するところは、化学合成肥料や農薬は使わず、遺伝子組み換えも行っていない、極めて自然な状態でとれたものということです。この有機食品が、雌鶏にとってもっとも良い環境で生み出された卵ということであり、その数値が上がるにつれて、飼育環境は悪くなっていくということを意味します。当然のように数値が低い方が値が張ることになります。

私は「0」か「1」を買い、「2」や「3」は買わないようにしています。それによって味が変わるという人もいますが、私には分かりません。ただ、数字が低い方が、見た目は悪いことが多い気がします。ただそれは、より自然な環境でとれたものの証《あかし》であると私は前向きに捉えています。

また、肉についても飼育環境によって四段階に分けられています。パックにはたいてい前ページの写真（下）のようなシールのうちのどれかが貼ってあります。卵の場合は数値が低いほど良いものでしたが、肉の場合は反対に、数値が高いほど動物にとって良い環境で生産されているものということになります。こちらも当然のように、数値が高い方が値が張ることになります。

このレベル分けは、飼育スペース（Platzvorgabe）、飼い方（Haltung）、遊具（Beschäftigungs-material）といった基準を満たしているかどうかによってなされています。「飼育スペース」というのは、動物が動き回れるスペースが確保されているかどうかを表します。「飼い方」というのは、放し飼いか、首輪をつけられているかどうかといったことです。「遊具」というのは、動物たちが遊んだり、熱中したりできるものが設置されているかといったことです。これらが飼われた動物の日頃受けるストレスに直結することは言うまでもありません。数値が高い方が良い環境で育てられた動物であり、その肉ということになります。「4」が有機食品であることが多いようですが、必ずしも一致はしないようです。私は「4」か「3」を買うようにしています。「2」や「1」は買いません。

日本でも高級な和牛はビールなどを飲んでいるというのは有名な話です。卵同様に、肉に関しても、その牛であり、豚でありといったものが、かつて何を食べていたのか、どのような環境で、どのような生活をしていたのか、といったことによって、食肉に加工された後の味や食感は変わってくるようです。正直なところ、私は昔はお金もありませんでしたし、動物の飼育環境に四段階のレベル分けがされていることなど知らなかったので、「2」や「1」も買って食べていたはずなのですが、私自身は味に関しての違いは感じません。

ドイツでは、卵にしろ、肉にしろ、どのような環境で生み出されたものなのかについて基本的には表示されています（表示していない場合もありますが、それは「表示したくない」ということの意思表示であり、その時点で私を含めて多くの消費者は敬遠することになります）。表示されているから、消費者はその情報にもとづいて判断を下すことができるのです。仮に非表示やランクがもっとも低い「1」の肉を買う人が今よりも少なくなれば、そのレベルで精肉業を営む業者の数も必然的に少なくなり、そのことは動物の飼育環境が今よりも改善することを意味するのです。

私はドイツでも日本でも細かな表示義務を設けるべきだと思うのですが、業者からすれば面倒だと感じられ、反対の姿勢を示すかもしれません。しかし、彼らも消費者という側面があるはずです。自分が食品を買う際には、より細かく、正確な情報を知りたいはずです。生産者という立場のみではなく、消費者という視点でも考え、そして、自分の立場のみではなく、普遍的な視点に立って考えるべき問題なのです。

六節　まとめ

定言命法の「普遍化の定式」は、さまざまな視点に立って考えるべきことを求めます。当然、環境倫理に関しても同じことが当てはまります。

人類が存在することに否定的な立場をとる反出生主義に関して言えば、ベネターは「自分で望んだわけでもないのに、生み落とされて苦しい人生を送る羽目になる子供の立場に立って考えてみろ！」という言い方をします。勝手に生み落とされる側の視点に立つべきという指摘は至極もっともだと思います。しかし、だとしたら同じように、すでにこの世に生を受けている人、そして、今後生まれてくるであろう人たちの立場にも立つべきでしょう。もし本当に生まれてくる人の数が激減するようなことになれば、彼らがその弊害を受けることになるのです。そんな人たちに向けては「君たちは運が悪かったね」で済ますのでしょうか。

ベネターは子供をもうけることが「暴力」と言っていますが、今生きている、そして、これから生まれてくる人たちに大きな苦痛が伴うことが分かっていながら、それでも「子供を（あまり）産むな」と命じたり、子供を持つ人を批判したりするならば、それも「暴力」であることにはならないのでしょうか。

カントはベネターとは異なり、私たちに「産め！」とも「産むな！」とも言いません（どちらを選ぼうと「暴力」と決めつけるようなことはしません）。カントに言わせれば、子供を持つかどうかという問いに関して、「正解」「不正解」はないのです。確かに将来、子供が自分の人生を辛く苦しいものと感じることがあるかもしれません。それどころか親に「なぜ自分を産んだんだ！」と食って掛かってくることがあるかもしれません。だとすれば、親はそこで理路整然とその根拠について語ることができればいいのです。「いい」といっても、根拠を提示されたからといって、必ずしも子の苦しみが解消されるわけでも、軽減されるわけでもありません。それでも根拠がしっかりしているのであれば、それは認めざるをえないわけで、知りえない帰結を知りえなかったことは非難の対象にはならないのです（ベネターの言うように、人生に必ず苦が伴うものであり、そのためそれ自体は予見可能であるものの、それと本人が生まれてこなかった方がよかったと思うことや、事実としてそうであることとは本来まったく別の事柄であるはずです）。

またベネターは、人が子供の利益を考えて、子供のためを思って子供をもうけることなどありえないとしていますが、それも決めつけであり、実際には、定言命法に照らし合わせて、子供のためを思って子供を持つこと、ひいては、それが道徳的善となる可能性もあるはずでしょう。

動物倫理に絡めて言えば、やはり定言命法の発想によって、さまざまな立場に立って考えることが求められます。自分が動物であったら、人間に食べられてしまうかもしれないわけです。そこには恐怖や苦痛が伴う場合もあるでしょう。他方で、もし一切の肉食が禁止されたならば、多くの人が職を失い、肉を食べることに喜びを感じる人々（現状では人類のほとんど）が苦痛を感じることになるでしょう。どう折り合いをつけるべきなのでしょうか。

ゼミなどで、こちらが事前に注意喚起せずに、学生同士にこの種の議論をさせると、白か黒のどちらかに偏ってしまう傾向があります。例えば、一方は「肉も魚も一切食べるべきではない」と妥協のない姿勢を示し、他方は「どうしても食べたい」という立場を崩そうとしないのです。しかし、お互いが両極端の立場に立ったまま理解し合おうとしなければ、議論は噛み合いません。次第に双方共に苛立《いらだ》ちが募り、感情的になっていってしまうのです。すると、一方は「お前らは何も分かっていないから肉や魚を食べて平気でいられるんだ」と言い放ち、他方は「お前らの好みや価値観を押しつけるなよ」と言い出すということにもなりかねないのです。

こうなってしまってはもう収拾がつきません。

　しかし、本章四節において触れたように、たとえ動物性の食材を一切口にしない生活を送っている人であっても、必ず動物が犠牲になっていることによる恩恵を受けているはずなのであり、そのため本来は白と黒（オール・オア・ナッシング）に分かれて議論するような話ではないはずなのです。

　当該箇所では肉食を念頭に置いていましたが、動物実験だって同じで、市販の薬は、よほど大昔からあり、安全性や効果がはっきりしているようなもの以外、どれも動物実験を経て市販化されているのです。そういった薬を完全に避けて生活する、さらに言えば、一生を終えることが、どれほど困難なことであるかは容易に想像できるでしょう。

　どのような立場をとるにせよ、そこにあるのは程度の差でしかないのです。しかし、そこには歴然とした程度の差があることもまた事実です。この点は看過してはならないと思います。現状では人間の都合のために動物が恐怖を感じたり、苦痛を感じているのであり、そのことを知ったならば、多くの人が「このままではいけない」「もっと良い環境を」と考えるでしょう。決して二項対立として捉えるのではなく、お互いが受け入れられる、歩み寄れる点を見つける努力をすることが大切なのではないでしょうか。

　第二章において、学問のあり方について論じた際に「一つ眼の巨人」であってはならないという話をしました。学問の目的は、よりよい理論（より多くの人が受け入れられる理論）に到達することです。そのためには相手の立場を否定することのみ、また、自分の立場を固持することのみに囚われていてはいけないのです。そこでは積極的に自分の立場の至らない点であり、また他者の立場の良い点を認める姿勢が求められるのです。

さまざまな視点に立って考える姿勢であり、よりよい理論を導くためのスキルというのは、学問の世界のみならず、社会に出てからも必要とされる姿勢と言えます。だからこそ学生にはぜひとも身につけてほしいのです。

第五章　ＡＩ倫理

「ＡＩ」とは artificial intelligence の略で、しばしば「人工知能」と訳されます。しかし、英語にしろ、日本語にしろ、その定義が定まっているわけではありません。人によっては、鉄腕アトムやドラえもんのようなロボットをイメージするかもしれません。ただそれらは、自分で主体的に考えることができる自律型ＡＩであり、技術的にはＡＩの最終形態と言えます。

すでに私たちの周りに存在し、そして、私たちが「ＡＩ」と呼んでいるのは、そのような自律型ではなく、人間のプログラムした範囲でしか動けないＡＩです。本書では、そのような広い意味でのＡＩを単に「ＡＩ」と表現し、そのなかでも自分で主体的に考えて動くことのできる、鉄腕アトムやドラえもんタイプのＡＩを狭い意味で「自律型ＡＩ」と表記して、明確に区別して話を進めていきます。

このＡＩの技術は日進月歩で進んでいます。それによって、かつては存在しなかったような倫理的問いがすでに出はじめてきています。そして、これからはさらにそういったことが増えていくことでしょう。私たちには、後から取り返しのつかないことにならないように（その実例については後で挙げます）、その準備をしておく必要があるのです。

一節　ロボットに乱暴をすることの是非

先ほども触れたように、今のところ自律型ＡＩは存在していませんが、非自律型のＡＩはすでに存在しており、技術的発展を遂げながら、今後さらに増えていくと思われます。例えば、動物の形をしたＡＩロボットです。人間の補助をしたり、ペットの代わりを担ったり、さまざまな用途が考えられ、将来性のある分野と言えます。

二〇一五年に、ボストン・ダイナミクス社が、四足歩行の犬型ロボットが動く映像を公開しました。[*42]その動画のなかには、その犬型ロボットがいかにバランス感覚が優れているのかを示すために、人に蹴られるシーンが映っているのです。すると視聴者から思いがけない反応が返ってきました。このロボットには感覚など備わっていないことは分かり切っているのに、この動画を見た人たちから「かわいそうだ」「やめてくれ」といった、ビデオに映っている内容の本質からは逸れた、批判的な意見が多数寄せられたのです。

みなさんはどう思われるでしょうか。痛みを感じないのだから、ロボットを蹴ることに何の問題もないのでしょうか。もしくは、痛みを感じないとしても蹴るべきではないのでしょうか。蹴るべきではないとしたら、その理由は何なのでしょうか。

このような問いに対して、もしカントであれば、「蹴るべきではない」と答えるでしょう。それは第四章二節において触れたように、たとえ生命を持たない物であっても、それをぞんざいに扱うことは、人間の感覚を弱めることにつながってしまうためです。つまりそこには、犬の形をしたロボットを平気で蹴ることができるようになってしまえば、痛みを感じる犬も容易に蹴ることができるようになってしまうという考えがあるのです。このような説明は、人間中心主義的と言えます。ロボットを蔑ろにすべきではない理由はロボットのうちにではなく、私たち人間のうちにあるためです。しかし私は当該箇所においても言いましたが、カントの説明自体は決して間違っていないと思っています。

ちなみに、AIロボット工学の専門家であるノエル・シャーキーも同様のことを指摘しています。彼は、生き物のように見える物を虐待する者は、実際の生き物に対しても同じ扱いをする公算が大きくなると言うのです[*43]。

また、ロボットを蹴るという行為とは別に、その映像を大勢の人が見られる形でネット上に公開したことも倫理的に問われるべきことであると言えます。もしロボットの耐久性をチェックしたい、そして、それを示した映像を撮りたいということであったならば、ロボットがロボットに負荷をかける実験映像で十分だったはずです。それをわざわざ、人がロボットに蹴りを入れる映像にした理由は、見た人にインパクトを与えるためであることは明白です。宣伝というレベルではうまくいったと言えるかもしれませんが、倫理的には疑問符がつくやり方であったと言わざるをえません。

ところで、我が家にはロボットはいませんが、ぬいぐるみがいます。子供たちのぬいぐるみです。しかし、彼らはそのぬいぐるみをずいぶんと乱暴に扱うのです。ぬいぐるみが壊れてしまうかもしれません。それに加えて私は、上述の二つの理由から看過することができないのです。つまり、子供たちの感覚が鈍化しないように、そして、見ている者が不快にならないようにです。

二節　ＡＩに責任はあるか

現在、ＡＩによる自動運転の車の実用化に向けた研究が進んでいます。そこでよく議論になるのは「自動運転の車が事故を起こした場合、ＡＩに責任を負わせることができるのか？」ということです。結論は明快です。現状ではＡＩに責任をとらせることなどできません。そう言える理由についてお話ししたいと思います。

まず、自動運転はレベル０から、レベル５までの六段階、もっともレベル０というのは完全手動運転を指すので、実質的には五段階ということになります。二〇二二年現在は主にレベル

3からレベル4への技術開発が中心に進められています。日本では法的には二〇二〇年四月の道路交通法改正によってレベル3による公道での走行が可能になりました。特に今はコロナ禍にあり、無人宅配サービスへの期待が高まっており、急ピッチで技術革新、ならびに法整備がなされていくことが予想されます。とにかく、変化のスピードがものすごい分野と言えます。

とはいえ、車の自動運転が最終段階のレベル5、つまり、完全自動運転が実現し、かつ、それが法的に認められ、実用化に至るには、まだまだ時間がかかるでしょう。そして、仮にそれが実現したとしても、先ほど述べたように、AIには事故の責任を負わせることはできません。なぜなら、たとえ最終段階のレベル5に至ったとしても、結局プログラミングをしているのは人間であり、その範囲内でしかAIは動けないためです[*44]。

では、遠い未来に、自律型AIが技術的に可能になり、それが法的に許され、実用化されたらどうでしょうか。アメリカのテレビドラマ『ナイトライダー』に出てくる「ナイト2000」をイメージしてもらえれば分かりやすいと思います。「ナイト2000」は、自分で考え、判断し、動くことができます。そんな彼（?）が、もし何らかの望ましくない結果をもたらした場合、彼自身にその責任を負わせることができるのでしょうか。答えは明確です。その場合、自律型AIである「ナイト2000」は人間と同じように、自分で考え、判断を下し、行動しているわけですから、やはり人間と同じように責任を負わなければならないことになります。

しかし、そもそも論として、本当にそのような自律型ＡＩを生み出すことに何らかのメリットがあるのでしょうか。そして、デメリットについても考えるべきなのではないでしょうか。「ナイト２０００」は、主人であるマイケルとの間に意見の相違が生じることもありますが、基本的にはマイケルの指示に従います。しかし、それは運よくそうなっただけだと考えるべきでしょう（つまり、人間同士がそうであるように、たまたま相性が良かったということです）。

　実際のところ、自律型ＡＩを生み出すということは、人間の言うことを聞かないようにできる、また、ミスを犯すことができるようにするということを意味するのです。自律型ＡＩが、例えば、自分が「休みたい」と思ったら、人間の指示を聞かないかもしれないし、手を抜くかもしれない、責任を追及されたらうそをつくかもしれないのです。

　それくらいならまだかわいいもので、映画『２００１年宇宙の旅』に出てくるHAL 9000のように、人間に牙を剝《む》き、人を殺してしまうかもしれないのです。映画のなかでは、人間がHAL 9000の電源を切ることで、その暴走を止めることができましたが、自律型ＡＩは基本的に能力は人間よりも上と考えるべきでしょう。つまり、人間よりも賢い自律型ＡＩロボットであれば、人間が電源を切ろうとすることを見越して、そうできないように対策をとるはずなのです。自律型ＡＩのすごいところ、というか怖いところは、自分たちで性能の良いＡＩを作り（または自らを改良し）続けることができる点です。そうなれば人間とＡＩの差は時間とともに、広がっていくことになります。映画『マトリックス』の世界のように、主従関係は逆転し、自律型ＡＩが人類を支配するような世界だって考えうるのです。そして、映画とは異なり、現実には人間の側は自律型ＡＩに逆らったところで、勝つどころか、まったく勝負にもならないのではないでしょうか。

ＡＩが人間を上回るターニングポイントは「技術的特異点」「シンギュラリティ」(singularity)と呼ばれ、それは三〇年もすれば実現するのではないかとも言われています。大きなリスクを冒してまで、ＡＩに自律的能力を持たせる必要性があるのでしょうか。もしくは自律的ＡＩと人間が共存できる（向こうが絶対に人間に牙を剝けないようにする）方法があるのでしょうか。*45手遅れにならないうちに考えておくべき、対策をとっておくべき問題だと思うのです。

三節　事故が起きた場合

自動運転の車を作るメーカーの側は、当然のことながら、なるべく事故を起こさないものに仕上げようとします。しかしながら、これまた当然のことながら、絶対に事故を起こさない車など作れません。極端な話、普通に自動運転の車が走っているところに突然人が飛び込んできたような場合には、事故は不可避です。そのように、事故を避けることがどうしても不可能な場合には、車はより被害が少なく済む選択肢を選ぶことになります。この場合「選ぶ」というのは、前節において触れた通り、ＡＩが選ぶわけではありません。車を作るメーカー側がそのようにプログラミングするということです。

ここでメーカーの側は、いわゆる「トロッコ問題」の判断を迫られることになります。ご存じの方も多いかと思いますが、「トロッコ問題」とは、いくつもバージョンがありますが、もっとも典型的なものを紹介しますと、坂を下るトロッコがそのまま進めば五人の犠牲者を出してしまうとします。しかし、ポイントを切り替えることで、犠牲者を別の路線にいるひとりだけにすることができます。その際に私はポイントを切り替えるべきなのかどうかの判断を下すという思考実験です。犠牲になる人の数を変えたり、年齢や性別を設定したり、または肉親を加えるなど、さまざまなバリエーションが考えられます。しかし、自動運転の車の製作において事故が避けられないときの対応をどうプログラミングするかという場合には、思考実験ではなく、本当にその設定によっては人が亡くなることになるのです。そのプログラミングをどうするかという問題が横たわっているのです。

社会理論の分野に、討議理論という立場があります。討議理論のなかにもさまざまな立場がありますが、大雑把に言えば、みんなが合意できるような規範を作りましょう、ということです。法律であれば、そういう言い方が可能かもしれませんが、倫理に関しては、私は討議理論はほとんど無意味だと思っていました。なぜなら、道徳性が問われる状況など厳密には無限に考えられるわけで、それらを事前に討議にかけて、どうするべきかについて合意を取りつけておくなどといったことは不可能であるためです。不可能ですが、自動運転の車が事故が不可避の場合にどのように反応するかのプログラミングに関しては、それに近いことをしておかなければならないのです。つまり、どのような状況が起こるかについて十全にカバーすることなどできないものの、できる限りあらゆるケースを想定して、そのケースにおいて最善（より多くの人が納得できる「であろう」という意味）と思われる対応を決め、プログラミングするということです。

現実的には、おそらく功利主義的な色彩が強い、つまり、より多くの人の命が救える（より犠牲者が少ない）選択肢を選ぶことになるかと思います。さらに技術が進めば、単なる頭数だけではなく、年齢や性別などといった、個人的な要素まで加味することができるようになるかもしれません。ただそこには技術的、ならびに、その判断をどうするかということについての倫理的困難が存するのです。

二〇一六年に雑誌「サイエンス」に発表された論文「自動運転の社会的ジレンマ」によると、[*46]七六パーセントの人が、歩行者一〇人が犠牲になるよりも、ひとりの同乗者が犠牲になるべきと答えました。ところが歩行者がひとりの場合、ひとりの同乗者が犠牲になるべきと答えたのは二三パーセントに留まりました。つまり、同じひとりが犠牲になるのであれば、一緒に乗っている（つまり身近な）人が救われることを優先すると答えたのです。そして、大きな善行（greater good）のために同乗者である家族ひとりが犠牲になることがプログラミングされた車を購入すると答えたのは、たった一九パーセントでした。この論文では、見知らぬ人であれば、より多くの人が救われるべきであるが、身内であれば、そちらを優先するという人間の自己中心的な側面が露《あらわ》になっていると受け止めることができます。

メーカー側は、歩行者よりも、自動運転の車に乗っている側を過度に保護するようにプログラミングする、しかもそれをセールスポイントとするようなことも考えられます。そして、各々のメーカーが競い合うことも考えられます。そのようなことを避けるには、各メーカーが一律に従わなければならない法律を設ける必要があります。そして、その内容とは、自動運転の車に乗る側と、歩行者の側の相互が承認できるものであるべきなのです。

その理念は、カントが「法の普遍的原理」と称するもののうちに明文化されています。

誰のどのような行為でも、その行為が、あるいは、その行為の格率から見て、その人の選択意志の自由が、誰の自由とも普遍的法則に従って両立できるならば、その行為は正しい。

（『人倫の形而上学』）

カント倫理学（「徳論」）における「自由」とは、自己の感性的欲求から完全に自由であることを意味するのですが、ここでは法律論（「法論」）について説かれており、そのため「自由」の意味合いが異なっています。私たちの日常的な使用法に近く、「自分の好き勝手に振る舞うこと」と理解してください。

もし、法律がなければ、各々は自分の好き勝手に振る舞い、争いが絶えないことになるでしょう（トマス・ホッブズが言う「万人の万人による闘争」という事態を招くのです）。そういったことを避けるために、法律によって、衝突が生じない程度に、相互の自由を認めるべきことが説かれているのです。車の自動運転に絡めて言えば、法律は、自動運転の車に乗る側も、乗らない歩行者の側も、誰もが相互に納得できるようなものであるべきなのです。

四節　すべての情報を握られても構いませんか

自動運転の車でなくとも、現在町中を走っている車のほとんどには、カーナビがついているはずです。そのカーナビには個人の膨大な情報が入っています。また、こちらもほぼ誰もが持っているであろう携帯電話には、あなたがいつ、どこに行って、誰とどんなやり取りをしたのかといった、ありとあらゆる情報が詰まっています。これを握られたら、個人など丸裸です。

このように明文化されると「不快」「怖い」などと感じる人がいるかもしれませんが、しかし、多くの人は「仕方ない」と思うのではないでしょうか。というのも、確かに個人情報が流出し、悪用される恐れがあっても、それと引き換えに私たちは便利な暮らしと、安全を手に入れているからです。

また現在、町中には至るところに監視カメラがあります。それによってプライバシーが脅かされるという側面もありますが、監視カメラの映像が決め手となって犯人が捕まったり、そもそも犯罪が未然に防がれているという効果もあります。つまり、プライバシーと便利さ、ならびに安全というのは天秤関係にあり、両方を十全に満たすことはできず、どのようにバランスをとるかが問われるのです。

そのバランスが難しいのは、例えば、性犯罪者の情報です。どの犯罪もそうですが、性犯罪者にも再犯の恐れがあります。かつて性犯罪を犯した者が現在どこで生活している（潜んでいる）のか、特に被害者になる確率の高い女性や子供（の親）としては知りたいことだと思います。それを知っていれば、未然に危険を回避する策を講じることができるからです。

実際に、一九九四年にアメリカのニュージャージー州において、七歳の娘を性犯罪によって失った母親を中心に、自分たちの近くに性犯罪を犯して実刑を受けた人間がいることを知っていたならば、それ相応の対応ができたはずであることを訴え、大規模な立法請願運動を展開しました。それが実を結んで、同州において性犯罪者情報公開法が策定されました。性被害に遭った女児の名前をとって、一般的には「ミーガン法」（Megan's Law）と呼ばれています。その翌々年、つまり一九九六年には関連する連邦法も改正されました。それ以降、アメリカでは、性犯罪を犯した者の名前、年齢、住所、顔写真、犯罪の内容など、さまざまな情報を得ることができるようになったのです。それによって例えば、自分の子供を家庭教師やスポーツチームに預ける場合に、その教師なり、コーチなりに性犯罪の前科がないかどうか調べることが可能になりました。そんな便利なものがあるのなら、あなたが誰かに自分の子供を預けるとなったら、使いませんか。

しかしこのミーガン法は、アメリカ国外には、ほとんど広がっていっていません。イギリスや韓国などに、それに近いものがありますが、アメリカのミーガン法と異なり、誰もが、どこでも情報が閲覧できるようになっているわけではありません。先ほども触れましたが、結局ここには犯罪を行った者のプライバシーが十分に守られていないことへの批判、反対論がつきまとうのです。日本国内はどうかというと、その導入の是非について議論された形跡はほとんどありません。

他方で、日本国内にも導入の可能性があるのは、性犯罪者に対して、出所後にＧＰＳを取りつける案です。こちらはアメリカの多くの州、カナダ、オーストラリア、ヨーロッパのいくつかの国、韓国などで（つまりミーガン法よりも広く）実用化されています。これによって開示されるのは、性犯罪歴のある者の居場所だけであり、大量の個人情報が閲覧できてしまうミーガン法に比べれば、彼らのプライバシーは守られていると言えます。日本でも関心が高まっており、また、欧米の後を追従する形で、参考にして法律が作られるというのはよくあるパターンなので、近い将来、日本国内でも動きがあるかもしれません。

少し未来の話をしましたが、逆に時代をさかのぼって、カントの頃の話をしたいと思います。当時は当然のことながら、個人情報が詰まった端末も、監視カメラもありませんでした。プライベートな個人情報が詰まっているという点であえて近いものを挙げれば、書簡です。カントの場合、相当数の書簡が残っており、かつ、私たちが確認できる形で刊行されています。ドイツ語版のみならず、日本語の『カント全集』にもその多くが収められているのです。つまりカントがいつ、誰にどんな書簡を送ったのかということ、そして彼が誰に、どのような返事をもらったのかということを私たちは知ることができるのです。これは考えてみればすごいことであり、今で言えば、私たちがやり取りしているメールを私たちが亡くなった後で、未来の人が読んでいるようなものです。

カントよりも前の時代の人々、例えば、デカルトが活躍していた時代は、人々は書簡が公開されることを半ば想定した上でやり取りしていました。カントの頃は過渡期であり、そういった伝統は薄れはじめていました。カント自身は生前に、自らの書簡が死後に公にされることに対して不快感を示していました。

ただ私は個人的には、定言命法の「普遍化の定式」を掲げ、普遍化の重要性や価値について高々と謳っていたカントなのですから、「死後に公にされても不都合がないように、人とやり取りするべきだ！」くらいのことを言ってほしかったと思っています。少なくとも私はメールにしても、SNSにしても、常に「公にされても恥じないように」「堂々と申し開きができるように」ということを心がけてやり取りしています。私の方では勝手に、これをカント先生から学んだことだと思っています。

五節　AIが介在する差別について

本章のテーマは「AI倫理」であり、次章のテーマは「差別に関わる倫理」となります。そこで本章最後の節では、その橋渡しとなるテーマ、すなわち「AIが介在する差別」について論じたいと思います。

本当に自律型のAIが開発されるかどうかは現段階では分かりませんが、されたとしてもまだいぶ先のことでしょう。他方で、非自律型のＡＩであれば、すでに私たちの身の回りに溢れています。そして近年、それが差別と結びつく事象が多数報告されています[*47]。

企業、それも大企業となれば日々、膨大な数の応募書類が届きます。その書類すべてに目を通すとなると、相当な労力と時間を要します。また、人が関わることによって偏見が反映されたり、意図的な不正が起こることも考えられます。そのため、企業の側がＡＩを導入することによって、それらの改善を図ろうとすることは、それほどおかしなことではないでしょう。

アメリカのアマゾン社は、二〇一四年に人事採用にＡＩを活用するための専門家チームを立ち上げました。そして、実際にＡＩによる書類選考を実施してみました。しかし、それによって、そこでは女性が不当に低い評価を受けていたことが判明したのです。例えば、履歴書に「女性」という言葉が入っていると、それだけでその人は低い評価を受けてしまっていたのです。専門家チームはシステムの修正を試みました。しかし、それでも本質的な改善には至らず、結局アマゾンは、二〇一七年に人事採用にＡＩを使用することを断念し、専門家チームも解散させたのでした。

女性個人の能力によってではなく、女性であることを理由にその人が低い評価を受けてしまうとすれば、それは差別であると言わざるをえません。なぜＡＩがそのような差別に加担してしまったかというと、過去十年間の合格者のほとんどが男性であったためです。そのためＡＩ

は男性であること自体を高い評価に、その裏返しとして、女性であること自体を低い評価に結び付けてしまっていたのです。

　これは女性が不当に差別されたケースですが、黒人が差別されたケースも報告されています。アメリカの裁判所では、量刑の軽重、また、実刑か執行猶予をつけるかといった判断を下す際に「コンパス」（COMPAS）という「再犯予測プログラム」が使用されています。しかし、ある程度運用してみると、白人の場合は再犯率が実際よりも低く、反対に、黒人の場合は実際よりも高く見積もられていたことが分かったのです。

　このことが周知の事実となり、アマゾンのケースと同様に批判の声が上がり、こちらは訴訟にまで発展しました。すでに判決も出ています。裁判所は「コンパス」の判断にバイアスがかかっていることを認めたのです。しかし運用を止めるような判断は下しませんでした。完全に「コンパス」の判断に依拠することなく、それを参照するに留めることを条件に、「コンパス」を使用することは「合法」とされたのです。

　アマゾンの女性差別も、「コンパス」による人種差別も構造は同じであり、これらの事実が明らかになったときには「ＡＩも差別をする」、それどころか「ＡＩが差別する」といったＡＩに対して否定的な意見が躍ったのですが、違うのです。プログラムをしているのは人間であり、そのアルゴリズムは、これまで人間が行ってきた基準に則っているに過ぎないのです。つまり、ＡＩはむしろ、その任務を忠実に実行したのであり、その責があるとすれば、それは人間の側にあるのです。そのため、この節のタイトルは「ＡＩが介在する差別について」であって、決して「ＡＩがなす差別について」ではないのです。

ここで私の頭に浮かぶのは、（序章四節で展開した）卓越性というのは、意志次第で良い方向にも悪い方向にも向かいうるのであり、そのため、それ自体には制限的な良さしか認められない、というカントの言葉です。ＡＩとは、まさに人類の卓越性が凝縮したものであると言えます。私たちは、それが諸刃の剣であることを十分に自覚し、決してそれを誤った方向に使用しないように、倫理的な視点を見失わないように細心の注意を払わなければならないのです。

六節　まとめ

本書における記述のうちで、おそらくもっともすぐに時代遅れになってしまうのが、「ＡＩ倫理」を扱った本章であると思われます。なぜなら、ＡＩ技術は日進月歩であり、本書を執筆しながらも次から次へと新しい情報が入ってくるようなありさまであるためです。

先ほども述べましたが、ある人がネットで何を検索して、どんなサイトを見て、携帯電話（スマホ）で誰とどんな会話をして、監視カメラでいつ・どこにいたか捉えるといった膨大な情報をすべて一元化して管理することは、すでに技術的には十分可能になっています。現に、それに近いことをして国民を監視している国もあるくらいです。ただ、それがいくところまでいってしまえば、もはや個人もプライバシーもない社会と言えるでしょう。

私は先ほど、個人的なメールのやり取りであってもその内容を公にされても恥ずかしくないように、堂々と申し開きができるように心がけているという話をしましたが、では実際に他者が私からのメールの内容を勝手に公にしてもよいかとなると、それは別問題と言えます。プライバシーが関わってくるためです。ところが、これもすでに触れましたが、カントが書いた手紙の多くは刊行され、私たちはそれを目にすることができる状態になっているのです。つまり、カントにプライバシーはないのです。

似たような話で、私はこの文章をパソコンでワードを使って書いているわけですが、完成に至るまでの古いバージョンのデータもどこかに残っているはずです。また私はブログもやっていますが、それも一緒で、下書きから何度も手を加え、アップロードし、その後に読み返して修正を加えることもあります。それらの過去の古いデータもどこかに蓄積されているはずなのです。下書きのつもりで書いたものや、修正前の情報まで将来公にされるようなことがあっては正直都合が悪いわけです。

しかしながら、私たちカント研究者はまさにそういった作業を（おそらく多くの人は何の問題意識も持たずに）カントに対してやっているのです。どういうことかというと、カントの死後に大量のメモ書きの類いが発見されました。カント研究者はそれを編集して、刊行して、研究材料として使用しているのです。そして論文や本などで「カントは〇〇と書いている」と主張しているのです。このことを墓のなかのカントが知ったら、「おいおい、それは発表するつもりがなかった文章だぞ！」と憤るのではないでしょうか。かく言う私も、そういった資料を参考にして、本書でも引用しているわけです（「私はカントのプライバシーを侵害したくないので、そういった資料には目を通しません」などと言おうものなら、他のカント研究者からは「変な奴《やつ》」「偏屈な奴」と受け止められることでしょう）。

カントほど偉大な倫理学者になると、みんなが知りたいから、プライバシーを踏みにじって刊行しても構わないということでしょうか。ということは裏を返せば、私もカントレベルに偉大な倫理学者と見なされるようになったら、私のプライバシーもそのうち踏みにじられるということでしょうか。それとも、そのうち何らかの基準が設けられるのでしょうか。

現状の私たちの生活に話を戻しますと、監視カメラ、携帯電話（スマホ）、パソコンなどによって今現在の私たちの生活が露になるだけでなく、未来まで露にする試みがなされています。具体的には、小売店がＡＩによって顧客の買いそうなものを先回りして提案したり、納品したりするだとか、または、検索エンジンがＡＩを使って検索されそうなものを予測して表示するといった試みがすでに行われています。まだまだ手探りの状態ですが、今後その技術が発展し、精度が上がっていけば、私たちの行動はどんどん予測され、可視化されていくことでしょう。

　もし、特定の個人が今後、何をするかということが高い精度で解明されるようになると、次第に自由意志の範囲が限定されていくように思えるかもしれません。そして、それが行き着くところまで行くと、（善）意志、自由、責任といったものを想定すること、ひいては、それらの存在を前提とするカント倫理学そのものへの疑念が湧いてくる（または、疑念が強くなる）ことが危惧されるかもしれません。

　しかし個人的には、ＡＩによってすべてが説明される（自由意志を想定できなくなる）ような事態にはならないと思っています。なぜなら、それが可能であるためには世の中が過去、現在、未来にかけて決定論的に説明可能である必要があるからです。同じことを逆から言えば、世の中が過去、現在、未来にかけて決定論的に説明可能でないのならば、いくらＡＩの技術が進歩したとしても予測不可能な領域が残るはずだからです。

　加えて、すでに問題提起したように、ＡＩの技術をどこまでも進歩させるわけにはいかず、どこかで歯止めをかける、基準を設ける必要に迫られるはずです。それがいつなのか、どんなものになるのか、現段階では分かりません。しばらくは危機感を持ちながら注視するということになるでしょう。

第六章　差別に関わる倫理

二〇二〇年五月二五日に、黒人男性ジョージ・フロイドが白人警官に押さえつけられたことにより死亡し、それを発端にBlack Lives Matterの運動が活発になり、アメリカのみならず、世界中にその動きは波及しました。それを受けてアメリカ警察の方も今までよりも気を使い、慎重に対応しそうなものですが、同年八月二三日には再び同様の事件が起こりました。黒人男性が警官に背後から発砲されたのです。

さらにアメリカでは、新型コロナウイルスが発生して以降、コロナウイルスが中国発であることを理由として、アジア系住民への暴言や暴力事件が相次ぎました。見た目には区別が難しいことから、日本人の被害者も出ました。

しかし日本人が常に被害者であるわけではありません。もちろん加害者になることもあります。典型的なものは主に中国人や朝鮮半島出身者に対するヘイトスピーチと呼ばれる活動や、いわゆる「ネトウヨ」と言われる人たちによるインターネット上での書き込み、また、それを真に受けた人々による差別などです。

私の住んでいるドイツでも、二〇〇一年のアメリカ同時多発テロ以降、また、その後アラブの国々から大量の移民が押し寄せてきたことによって、アラブ系の人たちに対する風当たりは強くなっています。それを受けてここ数年、ＡｆＤ（ドイツのための選択肢）という極右政党が議席を増やしています（二〇一九年、私の住んでいる町の市議会選挙に、世界的に有名な大御所のカント研究者が、ＡｆＤより立候補するというドイツ哲学界の政治的「スキャンダル」もありました）。

このような世界的な趨勢《すうせい》のなか、本書において差別の問題を避けて通るわけにはいかないと思うに至りました。私たちはカントから何を学ぶことができるのか、みなさんと一緒に考えていきたいと思います。

一節　若かりし頃のカントも差別をしていた

そもそも「差別」とは何なのでしょうか。この語は定義を定める作業自体が非常に困難なものと言えますが、本書ではとりあえずこの言葉を、①自分ではどうすることもできない属性によって、②不当な扱いをすること、という意味で使用します。

「自分ではどうすることもできない」という点に関して、私自身は、とりわけ日本ではこの範囲が非常に狭く受け取られていると感じています（うまくいかないことの大部分は「自己責任」として片づけられてしまうのです）。

「不当な扱い」というのは一義的には「傷つく」「不快に思う」ような行為を指しています。ただ、なかには本人が気がついていないところで本人にとって不利となる力が働いているということもあるので、もう少し広く、本人が自覚していないものも含めて、「不当な扱いを受ける」としておきます。

カントが活躍していた当時は、自分ではどうすることもできない属性によって、不当な扱いをすることがいけないことであるなどといった社会通念はありませんでした。彼が生きていたのは、世界中で堂々と奴隷制度が運用されていた時代です。その典型はアメリカに見ることができますが、自分ではどうすることもできない肌の色が黒いことを理由に、黒人は劣悪な環境に置かれていたのです。また、これもアメリカにおいてその典型例を見ることができますが、アメリカ先住民は理由もなく虐殺されたり、住んでいた土地を無理やり奪われたりしていたのです。

遠く離れたアメリカ大陸でそういったことが行われていることを、カントは当然知っていました。彼がそういった出来事に対してどのような態度を示したのかというと、奴隷制に対しては、明確に反対の姿勢を示していましたし、先住民に対する不当な扱いに対しても異を唱えていました。ここだけ読むと、カントは先進的であり、黒人やアメリカ先住民に対して理解があり、好意的な人物として映るかと思いますが、しかし残念ながら、彼のうちには人種差別的な発言も散見するのです。彼は黒人に対して、白人に比べ能力的に劣り、しかもアメリカ先住民はさらに劣ると述べているのです（『自然地理学』）。根拠はまったく示されていません。今日の感覚からすれば、明らかな人種差別です。

そういった傾向は特に若い頃に顕著に見られたのですが、あるときそんなカントに転機が訪れます。一般に「ルソー体験」と呼ばれるものです。カントは、フランスの思想家、ジャン＝ジャック・ルソーの『エミール』を読み、深い衝撃を受けた自らの経験について以下のように書き記しています。

> 私は自身の傾向からして学者である。私は認識へのまったき渇望と、認識の深まりを熱望し、気の安まることがなく、また、あらゆる認識の獲得に対して満足を感じる。これだけが人間の栄誉をなしうるのだと私が信じ、何も知らない俗衆を軽視していた時代があった。しかし、ルソーが正してくれた。優越の欺きは消え、私は人間を尊敬することを学ぶ。
>
> （『美と崇高の感情にかんする観察』への覚書）

『エミール』という本には「エミール」という名前の少年が教育を通じて立派な大人になっていく過程が描かれています。それを読んだカントは、一般の臣民は無知であるものの、それは教育の機会がないためにそうなってしまっているに過ぎないのであり、教育さえ受けられたならば、彼らも自らの理性を発揮できるはずであることに思いが至ったのです。もし家柄や階級によって教育を受けられない、そのため無知な状態に留まってしまっているのであれば、それはその人個人の落ち度でも責任でもないはずです。

カントは「ルソー体験」以降、無知な臣民を軽視するような態度は見られなくなります。むしろ針は逆方向に振れて、彼は万人に理性があり、自ら考える権能を持つことを訴える、啓蒙論の方向に進むことになるのです（「お前ら、どうせダメだろう！」ではなく、「君たちにだって、必ずできるはず！」となるのです）。

人種に関しても、それは生まれながらに決まっていることであり、本人には何の責任もないことになります。カントの人種差別的発言も、「ルソー体験」以降、決して一掃されるわけではありませんが、徐々に影を潜めていくことになるのです。

「ルソー体験」は一七六四年頃の出来事でした。先の引用文には、他人を軽視することについて書かれていました。カントは晩年の一七九七年になって、再度、他人を軽視することについて以下のような考察を加えています。

他人を軽蔑すること（contemnere）、すなわち人間一般に当然払うべき尊敬を他人に対して拒むということは、彼らが人間である限り、義務に背いている。他方で、彼らを他の人々と比較して、心のなかで軽視すること（despicatui habere）は、往々にして避けがたいことである。その軽視の感情を露骨に表に現すことこそが、侮辱なのである。

（『人倫の形而上学』）

ここで言われていること（そして、重要なこと）は、「他人を軽視すること」と「心のなかで軽視すること」の間の区別です。

まず「心のなかで軽視すること」について言えば、それは避けがたいことと言えます。先ほどのカントの「ルソー体験」に絡めて言えば、無知な臣民を目にした際に「こいつは無知だ」という感情を抱いてしまうことは仕方のないことなのです。いかなる感情を抱くかということは、自分ではコントロールすることができないことであるためです。

他方で、他人を軽視する感情を公にするかどうかということは自分でコントロールすることができます。もし「私は他人を軽視する感情を公にする」という格率が普遍化された世界を想像してみたならば、それが望ましいものであるかどうかは容易に判断できると思います。もし、それができないと判断したのであれば、それは慎むべきなのです。[*48]

二節　仮象に騙されるな

ヨーロッパサッカーを見ていると、スタンドにいる客が黒人選手に向かって「サル」や「ゴリラ」と呼びかけたり、サルやゴリラの真似をして、それが人種差別として批判されることがあります。カントに言わせれば、仮に黒人選手を見てサルやゴリラを連想してしまったとしても、それは自然な感情から湧き出たものであり、仕方のないことと言えます。問題は、そして、非難されるべきは、その軽視の感情を公に表現してしまうことなのです。

またカントであれば、こうも言うと思います。「仮象に騙されるな！」と。「仮象」についてはすでに、第二章三節において簡単に触れました。それは「仮の象」、つまり、そう見えるものの、それは本当の姿ではないもののことです。世界的に名の知られた日本のカント研究者である石川文康《ふみやす》は「仮象とは、真理に見えて（思われて）、実際には誤謬であるもの」と表現しています。[*49] たとえ、あるサッカー選手（それは黒人選手に限ったことではありません。元ドイツ代表のゴールキーパー、オリバー・カーンは金髪碧眼《へきがん》ですが、よくゴリラと揶揄《やゆ》され、バナナを投げつけられていました）が見た目は類人猿に似ていたとしても、彼が本当に類人猿であることは当然のことながら意味しないのです。

私自身がドイツでよく経験することは、私の外見が外国人だからということで、相手が英語で話しかけてくるということです。相手は、私の外見から「きっとこいつはドイツ語ができないだろう」と決めつけているのです。確かに私の母語はドイツ語ではありません。しかし、それはたまたまなのです。ドイツには見た目は外国人でも母語がドイツ語の人間などいくらでもいます。母語がドイツ語なのに一生、頻繁に英語で話しかけられるかと思うと、私ならうんざりします。*[50]

カントは思い込み、彼の用語で言えば「信じ込み*[51]」（Überredung）も、ひとつの仮象であると述べています（仮象のもともとの意味は「真理に見えて真理ではない」ということなのですが、この場合は「真理に思えて真理ではない」ということになります）。それは主観のうちにのみある判断の根拠が、客観的なものと見なされることであり、私的な妥当性しか持たないのです。つまり、そこでは「東洋人のような外見」という仮象から、「ドイツ語は話せないだろう」という思い込みが生まれているのです。

このような思い込みを打破するために必要なことは、徹頭徹尾、自分の理性を用いて、批判的な吟味を加えることなのです。

仮象が、理性との間の矛盾を通じて暴露されることがないならば、この仮象は真実を反映していないことが気づかれないままとなるであろう。けれども、それに気づかれることによって、理性はこの仮象に対して、何からそれは生じるのか、いかにすればそれは除かれうるのかを吟味するように強いられる。そうしてこのことはただ純粋な全理性能力の完全な批判によってのみ行われうるのである。
（『実践理性批判』）

ドイツにいるのに、相手の顔立ちがアジア人風であるというだけで、英語で対応することの意味について、そこに合理的な理由があるのかどうかについて、批判的な視点を踏まえて考えてみるべきなのです。そうすれば、アジア人風の顔立ちであっても、ドイツ育ちで、母語がドイツ語という可能性があること、そして、そういった人間に英語で話しかけることが失礼であることに思いが至るはずなのです。

読者のなかには「話の内容としては分かりやすいかもしれないけれど、ドイツでお前が経験した話をされても、日本にはそのまま当てはまらないだろう」と思った人がいるかもしれません。しかし、そんなことはありません。まったく同じ構図のことが現に日本でも起きているのです。

日本語を勉強していて、日本に行ったことのあるドイツ人に日本で経験した嫌なことを聞くと、真っ先に挙がる答えのひとつが、「英語で話しかけられること」なのです。英語ができない、もしくは、苦手なのに英語で話しかけられるのが嫌ということではありません。若いドイツ人はみんな英語を上手に話せます。そうではなく「こいつは見た目からして日本語が話せないだろう」と思われ、実際に、それを目の前で行動に移されているのが不快なのです。

もっと言えば、今ではルーツは外国でも、生まれも育ちも日本という人は増えてきています。自分がその立場になったつもりで想像してみていただきたいのです。日本語が母語なのに、顔つきが外国人風であるからというだけで、しょっちゅう英語で話しかけられる事態を。

ここで、「いや、英語を使う人は、きっと相手を思ってそうしているんだよ」もしくは、「私自身がそうしているけれど、それは親切心からです」と言う人もいるかもしれません。確かに、その可能性は否定できません。そして、その行為が道徳的善である可能性すら否定することはできません。しかし、以下の文章を読んでも、同じ振る舞いができるでしょうか。

もし「相手のことを思って」「親切心から」と言うのであれば、その相手が歩んできた道にさまざまな可能性があることにまで思いを巡らせるべきなのではないでしょうか。[*52] その人は見た目が外国人風であったとしても、日本生まれ、日本育ちであり、英語がまったくできない可能性すらあるのです。つまり、そこには「なんで私は日本生まれの日本育ちで英語が話せないのに、英語で話しかけるんだ!」「私の見た目から、私が日本語ができないなどと決めつけるな!」と憤慨される可能性があるのです。もちろん反対に、外国人風の見た目である相手は本当に日本語がまったくできない可能性もあります。しかし間違っても、「私の見た目から日本語が話せないのは分かるだろ、なんでお前ははじめから私に英語で話しかけないんだ!」と無茶なことを言ってくる人はいないはずです。

ですから、これはもう私からのお願いです。お互いが日本にいるのであれば、明確な根拠がない限り、相手の見た目が外国人風だからといって英語で話しかけるようなことはしないでください。考えのないまま「何となく」、ましてや「自分が英語を使いたいから」といった利己的な理由で英語で話しかけるようなことは決してしないでください。

三節　その意図がなくとも差別は成立する

日本にいるのにもかかわらず、相手の見た目が外国人風であるという理由で、英語で話しかけることは、「差別」と受け取られる可能性、つまり、自分ではどうにもできない属性によって不当な扱いをされた、と受け止められてしまう可能性があるのです。

前節では、発言者には悪気などない可能性も十分あることについて言及しました。ここから見えてくることは、「差別」というのは、発言者の意図とは関係なく成立しうるということです。私はまさにここに、差別の難しさがあると思っています。

そのため私は、「私は差別なんてしない」などといった「自分は違う」的な発言をする（一見したところ意識が高いように見える）人こそ、危険であると思っています。誰もが「差別」と受け止められる発言をしてしまう可能性があり、誰もが危機意識を持つべきなのです。もちろん私自身もそうです。私は一度として差別発言をしたつもりはありませんが、私の発言を聞いた相手が「差別」と受け取ったことがこれまで一度もなかったなどとは考えにくいと思っています。自分が差別をしたかどうか、相手が不当な扱いを受けたと感じたかどうかといったことは、発言者である私自身には分からないのです。*53

では、そのような「差別」をしないためには、私たちは何に気をつければよいのでしょうか。私はカントの説く、共感感情の陶冶が有効であると思っています。その中身についてはすでに本書において言及しています。第三章四節の「臓器を提供してくれる人がいるから成り立つ臓器移植」において、貧しい人や病人や罪人と積極的に接することによって、彼ら社会的弱者への共感感情が陶冶されることについて触れました。つまり、しばしば差別されてしまう側と積極的に関わり、話を聞くことによって、より彼らの立場に立って考えることができるようになるのです。

二〇一五年から一六年にかけて、アラブの国々から大量の難民がドイツを中心としたヨーロッパにやってきたときに、私は彼らと交流を深めるための集まりに参加したことがありました。

それまで私は難民に対して、「貧しい国から来た貧しい人々」というイメージを持っていました。正直言って、あまり教養もないのではないかと思っていました。ところが、彼らに会ってみたらぜんぜんイメージと違ったのです。医者や弁護士や、なかには日本で自国の大使館に勤めていた経験があるということで、日本語が堪能な人までいました。そして、彼らの話を聞き、本当に大変な思いをしてドイツまでやってきたことを知ったのです。直接触れることによって、見えてくること、気づくことがたくさんありました。

また、私が個人的に有効であると思うのは、ロールズの提唱した「無知のヴェール」という概念です。「無知のヴェール」とは、すなわち、自分の目の前にヴェールがあり、それによって私は自らの属性、例えば、人種、国籍、性別、年齢などがまったく分からないものと想定した上で、社会の制度やルールなどについて物事の判断を下すのです。そうすることによって、弱者の問題を、自分自身の問題として考えることができ、結果として自らの態度も変わってくるのです。ロールズ自身、「無知のヴェール」という概念が、カントにヒントを得たものであることを認めています[*54]。

または、似たような思考実験として、自分が社会的弱者やマイノリティーとして生まれていた可能性があることを頭に入れた上で、判断を下すのです。例えば、私は現実には日本で日本人として生まれましたが、それはまったくの偶然と言えます。自分がアメリカで黒人の貧しい家庭で生まれていた可能性もあったわけです。あるいはアラブのどこかで生まれ、内戦によって国外に逃げざるをえない状況に追いやられたかもしれないのです。そのように思いを巡らすことによって、考え方の質なり、態度なりといったものが変わってくることがあるのではないでしょうか。

四節　障害者差別

二〇一六年に植松聖が、障害者施設に入所していた一九人を殺害し、入所者と職員合わせて二六人に重軽傷を負わせるという、いわゆる「相模原障害者施設殺傷事件」がありました。

多くの通り魔殺人の犯人がよく口にするのは、社会への復讐《ふくしゅう》や、殺人欲求、または、「殺せ」といった幻聴などです。ほとんどわけの分からない言い分であり、本人が自身の殺人の正当性を主張するようなことは極めて稀と言えます。他方でこの事件の加害者である植松は、稀有《けう》なことに自分の正しさを確信して犯行に及んだかのような発言をしているのです。具体的には「障害者は不幸しか生まない」「存在しないことが世の中のためである」という趣旨の発言を繰り返しているのです。

本書の第三章二節において、障害者が生まれるかもしれないことを理由に中絶する親がいることについて触れ、このような障害者を排除しようとする思考法は、実は私たちの周りに溢れており、それほど異質なものではないことについて言及しました。それに関連して、ここで私が掘り下げたいのは、植松聖がその正しさを本当に、心の底から確信していた可能性についてです。

カント倫理学の理屈では、本人がそこに道徳法則を見出したのであれば、それが道徳法則なのです。その判断が誤りであり、そのためにそこに道徳的価値が認められない可能性というのは皆無なのです。だとすれば、私がこのようなことを書くと、不謹慎で不快に思われる人もいるかもしれませんが、このことは植松の大量殺人が倫理的に正しいものであった可能性が否定できないことを意味するのではないでしょうか。そして、この点、つまり大量殺人すら道徳的価値を持つ可能性を認めること、は常識的倫理観からは受け入れがたく、カント倫理学の欠陥と言えるのではないでしょうか。

結論を先に言ってしまうと、その可能性、つまり、植松の行為が道徳的善であるどころか、許容される可能性も、限りなくゼロに近いと私は考えています。それは彼の言動を追うことによって見えてきます。

植松は犯行前から、障害者は殺すべき存在であることを堂々と公言していました。その旨を記した手紙をわざわざ政治家に届けに行っています。これだけでも自説の正当性を強く確信していた証と言えるでしょう。また、自身が施設で仕事していたときには当時の同僚や、同級生などにも自説について説いていたのです。

しかしながら、政治家からはリアクションはなく、同僚からはナチスの思想だと叱責され、怒った同級生からは殴られていたのです。それでも彼は自らの考え方を変えませんでした。ここまでくると、彼が自身の立場の正当性を強く確信していたことは、もはや疑うことができないようにさえ思えます。

だから彼は犯行に及んだのです。私は「だから」という接続詞を用いましたが、私の本心からすると、ここは「だから」ではなく「しかし」なのです。「自分の考えの正しさを確信していた。だから、行動に移したのではないか」と思われるかもしれませんが、そうではないのです。彼は事件前に多くの人に自分の考え方について表明したものの、それは誰からも受け入れられませんでした。その事実を彼は目の当たりにしているはずなのです。しかし、彼は行動に移したのです。私はまさにここに彼の悪性が垣間見えると思っています。というのも、もし植松聖が本当に自説の正しさを確信していたのであれば、説得し続けるべきだったのです。ところが彼はそれを諦め、行動に移してしまいました。ここに問題（悪）の根があるのです。

カント自身が、人殺しの倫理性について述べている箇所があるので、紹介したいと思います。旧約聖書に出てくるアブラハムは、神から息子イサクを殺すように命じられました。彼は人殺しはよくないと考える一方で、神の命令は絶対とも考え、板挟みとなります。そんななか、彼は確信が持てないままに、息子イサクに手をかけようとするのです。結局、すんでのところで神の使いが現れて殺人を止めるのですが、カントはこの話のアブラハムの内面に悪性を見出すのです。それは彼がイサクを殺そうとしたからではありません。そうではなく、彼が自らの行為について倫理的正しさへの確信がないまま行動に移したためです。カントは以下のように表現しています。

従って、その信仰が要求したり、許容したりする事柄が不正であるかもしれないという可能性がある場合に、それに従うのは、つまり、それ自身確実な人間の義務を毀損する危険を冒してまでそれに従うのは、無良心的である。

（『たんなる理性の限界内の宗教』）

この「信仰」となっている部分を、「障害者は無用な存在と考える立場」、または「植松教」としてもいいと思います。それが誰に話しても受け入れられないということは、少なくとも表面的な問題として説明の仕方が悪かったか、実際にはもっと本質的な問題として、その原理に普遍妥当性がないということなのです。彼はそれを目の当たりにしているのです。この段に及んで、植松の行為が定言命法に鑑みても許容される可能性というのは、ほぼ皆無と考えるべきでしょう。*55

この点に関連して、ジャーナリストの神戸金史《かんべかねぶみ》は植松被告のもとに面会に行った際に、以下のようなやり取りがあったことを記しています。

「あなたは、『役に立つ人』と『役に立たない人』との間に線を引いて、人間を分けて考えているようですね。もしかするとあなたは、自分は役に立たない人間だと思っていたのではないですか」

植松はそれに、「たいして存在価値がない人間だと思っています」と答えました。

さらに私は「もしかすると、あなたは事件を起こしたことで、自分が役に立つ人間の側になったと考えているのではないですか」と尋ねました。すると彼は少し微笑んで、「少しは、役に立つ人間になったと思います」と答えたのです。

（雨宮処凛《あまみやかりん》他『この国の不寛容の果てに――相模原事件と私たちの時代』）

ここに植松の本心があり、彼の歪《ゆが》んだ利己性が現れていると私は見ます。つまり、彼のうちには自分が役に立たない側にいることへの強烈な劣等感があったのです。そのため自分よりも「下」と見なす者を見つけ出し、彼らを自分の手で殺《あや》めることで、自分が役に立つ側に回ることができると考えていたのです。つまり、彼の言明が本心であるとすれば、そこにあるのは彼の強烈な利己性なのです。

五節　自分でどうにかできることと、そうでないことの区別

カントの立場では、道徳的善とは、それをなそうとする意志さえあれば必ずできるものであり、それを仕損じるなどといったことはありえないのです。その対照である道徳的悪も、その意志がなかったのに能力的限界、知識不足、運の悪さなどといった偶発的要因によって、本人が知らず知らずのうちにそれをなしてしまう可能性というのは排除されているのです。私はこの点、つまり、その確実性がカント倫理学の大きな特徴であり、利点であると思っています。

このような言い方から察しがつくかと思いますが、他の学説は必ずしもそうではありません。例えば、徳倫理学の祖であるアリストテレスは、道徳的な徳を卓越性のうちに見出します。それに関してはすでに本書の序章一節において、私の子供の頃に勉強を頑張ってもなかなか成績が上がらなかった話をしました。アリストテレスの立場が「エリート主義」と形容（批判）されるゆえんがここにあるのですが、エリートではない私のような人間はそこから締め出されているような感覚に陥るのです。卓越性というのは磨こうとしたからといって必ず磨かれるよう

なものではないのです。少年マンガの主人公は修行すれば必ず強くなりますが、現実はそうとは限らないのです。

功利主義についても同じことが指摘できます。ベンサムやミルといった古典的功利主義者たちは、幸福の総量を増大させる傾向を持つ行為が道徳的に正しいと言います。*56 しかし私たちは事前に、いかなる行為が幸福の総量を増加させる傾向を持つのかについて知りえないのです。*57 そのため、それはやろうとしたからといって、必ず実現できるようなものではなく、結果に関しては必ず偶発性が絡んできてしまうのです（このことは、私たちには何が本当に自身の幸福に資するか分からないため、仮言命法は厳密には「命令」ではなく、「規則」や「助言」に過ぎないという話と重なってきます）。

私たちの周りには、私たちの力（人間の力）では予見することのできない、どうすることもできない領域というものがあります。そこで起きた出来事の責任を負うことなどできないのです。本書第一章五節においても挙げた例ですが、新型コロナウイルスが発生する前に作成したプロジェクト案は非の打ちどころがないものであったのに、その後起きたパンデミックのせいで、計画は失敗に終わってしまうということは十分に起こりえます。それによって、たとえ会社が潰れ、多くの人が路頭に迷うことになっても、つまり、不幸の総量が増大して、それがため功利主義的には道徳的に悪しきことであっても、そのプロジェクトを発案して、作成した者には失敗の責任はないはずです。彼には改善点も反省すべき点も見当たらないのです。もし「いや、ある」という人がいれば、具体的にどうすれば良かったのか示してほしいと思います。そんなことは無理であって、あえて当人の悪かった点を挙げるとすれば、それは「運が悪かった」ということに尽きるのです。[*58]

このあたりの話は、古代ギリシアの哲学者であるエピクテトスによって説かれていることとも被ります。[*59]彼は自分の「権内（圏内）」と「権外（圏外）」を明確に分けました。「権内」とは自分の力でどうにかできる事柄であり、「権外」とは自分ではどうにもできない事柄のことです。「権外」の問題に関して、うまくいかなかったからといって自分を責めたり、他人を叱責したりすることは、単に生産性がないだけではなく、不必要に人を苦しめ追い込むだけであり、マイナスの側面しかないのです。

前節において取り上げた、障害者に対する態度についても、同じです。障害というのは努力したからといって回避できたり、乗り越えられたりするものではありません。[*60]障害を持つことや、改善させられないことを本人の落ち度と決めつけることは、差別に他なりません。

障害と並んで、先天的な持病を持って生まれたような人に対しても、多くの人はその責任が本人にあるとは考えないはずです。そして、その人を差別することは間違ったことであると言うはずです。また、先天的な病気でなくとも、十分注意していたのにもかかわらず、病気にかかってしまったような人に対しても、やはり責めることはできないはずです。

生まれながらに決まっており、自分の力ではどうにもできないものの典型と言えば、人種や性別でしょう。性別は今日、性転換手術をしたり、戸籍上の性別を変更したりできるようになっていますが、男性として生まれた人間が子供を産むことができるようになるわけではありませんし、女性として生まれた人間がパートナーの女性に子供を産ませることができるようになるわけではありません。どうしても超えられない一線というものがあるのです。

また最近は、ＬＧＢＴという言葉をよく耳にするようになりました。これは女性同性愛者（Lesbian）、男性同性愛者（Gay）、両性愛者（Bisexual）、トランスジェンダー（Transgender）という四つの単語の頭文字を組み合わせた表現です。つまり、性愛の向かう先が異性のみとは限らない人たちを指しているのです。カントに言わせれば、その感情としての愛というものは、自分の意志でコントロールすることができないものでした（第二章六節参照）。ＬＧＢＴに関しては人種や性別と異なり後天的なケースもあるようですが、仮に後天的であっても、やはり個人の意志によって変更できるようなものではありません。多数派である異性愛者だって、好きな相手を意志によって変更できないことからも分かるはずです（「今日はA子さんが好きだったけど、明日はB子さんを好きになろう」なんてことはできないのです）。

これら、病気、障害、人種、性別、ＬＧＢＴなど、個人の力ではどうにもできない、本質的には変更不可能な点を念頭に相手に対して不当な扱いをするということは、差別以外の何ものでもありません。

六節　まとめ

差別問題の難しいところは、確信犯で差別をするような人は極めて稀であり、たいていの人は本人に差別するつもりなどない点、もっと言えば本人は善意、ならびに善意志からの行為であることすらありうる点にあります。そういった図らずも差別をしてしまうようなことを避ける手段も、これまでの理屈から説明することができます。

ここで話を少し脱線させて、本書においてカントの理論について、なぜ繰り返しが多くなるのかという話をしておきたいと思います。そうなるのは当然であり、またあるべき姿なのです。なぜなら、ひとつのカント倫理学の理論をさまざまなケース（私たちが直面している倫理的問題）にその都度適用しているためです。逆に、「カントは○○については○○と言っている」といった個別の新たな情報が次々と出てくるものの、それらがどのように関連して、理論を形作っているのか見えてこないようでは全体像がつかめませんし、それでは応用も利きません。ということで本題に戻って、堂々と重複する話をしますが、（直接的な）義務ということで言えば、私たちは定言命法に照らし合わせて、さまざまな立場の人、本章のテーマに即して言うと、とりわけ差別されている側の立場に身を置いて、想像してみるべきなのです。「差別」といっても「人種差別」「性差別」「障害者差別」などいろいろなものがあります。自分自身は受けたことのない種類の差別もあるでしょうが、他方で、これまでの人生で何の差別も受けたことがない人などほぼいないと思います。多くの人は何らかの差別を受けたことがあるはずです。だとすれば自らが受けたことのない種類の差別だとしても、自身の経験からある程度は類推することができるはずです。

また、これも繰り返しになりますが、間接的な義務に絡めて、差別されている（されたことのある）人と積極的に接することで、事情をより理解し、見識を深め、共感感情を涵養することも義務と見なされます。また、直接人に会わなくとも、それに関する本やウェブサイトはいくらでもあります。さまざまな手段を用いて自分から主体的に実態について知ろうと努める姿勢が求められるのです。

私は、そのようにして差別されている側の実情について知れば知るほど、人はそれを忌むようになり、ひいては、差別というものが道徳的に許容できないものであることを、ありありとした形で受け止めざるをえなくなると思っています。

ただ、本章四節において、その反例となる可能性のある人物を取り上げて考察を加えました。

植松聖は障害者施設で働いた経験がありました。そのため一般の人などよりもずっと知識もあり、障害者との接点もあったはずです。それにもかかわらず障害者を社会にとって必要のないものと見なし、彼らを殺害することが正しいことであると主張し、実際にそれを行動に移したのです。表面的には彼は自分の考え方や行為の道徳的正しさを確信していたようにも見えます。

しかし実際に彼の言動を追っていくと、彼を動かしたのは道徳的正しさへの確信などではなく、むしろそれを放棄した上での、単なる利己心と受け止めざるをえなくなってくるのです。

似たような話として、私は自著において、大量のユダヤ人をガス室に送ることに積極的に加担し、戦後裁判において自己の正当性を主張したアドルフ・アイヒマンについて考察を加えたことがあります。[*61] ここでも簡単に触れておくと、アイヒマンは一方で、組織のなかで上からの命令に従わざるをえなかったという、いわゆる「歯車理論」を持ち出しています。ところが他方で、彼はわざわざカント倫理学を持ち出して、それを貫徹した結果であるとも証言しているのです。しかし、裁判を傍聴したハンナ・アーレントが指摘しているとおり、この二つの言明は明らかに矛盾しています。彼の言動はこのように一貫性を欠いているのですが、しかしながら、その根底にはひとつの感情が一貫して流れていると言えます。それはつまり、「自分は悪くない」「どうしても罪を認めたくない」といった保身の（当然それは利己的な）感情です。常識的倫理感からは到底受け入れられない行為をしておきながら、自らの行為の正当性を主張する者の言明には、必ずどこかに本心が現れ、ボロが出るものだと私は考えています。

それに関連して、広い世の中にはひょっとすると、差別を肯定しようとし、それが道徳的に正しいことであると強弁するような人もいるかもしれません。「差別」の定義にもよりますが、もし本書のような定義でそれを言っているなら、その者は話せば話すほどきっと利己心、または少なくとも劣等感のようなものも含めた主観的な感情が顔を覗《のぞ》かせることになるのです。

おわりに

私は、人の内面に関心を寄せ、評価するカントの思想について、すばらしい思想であると思っています。しかしながら、彼の言明のうちには私自身が承服しかねる箇所があることもまた事実です。本文においても指摘しましたが、例えば、カントの生きた時代が彼の思考に制限をかけてしまっているような箇所（特に若い頃に見られる差別的な姿勢など）や、考えが及んでいたものの時代的制約のため書くわけにはいかなかった、そして、それが原因となってカントの説明が空転してしまっているような箇所（著作における自死についての記述など[*62]）です。

カント倫理学の批判者たちは、これらの点を指して「カント倫理学の欠点」と称して、非難するわけですが、本文において明らかにしたように、本来それらはカント倫理学の核心部分、つまり、人の内面に関心を寄せ、評価する思想とはそもそも相容れないもの、関連性のないものであり、したがってカント倫理学の妥当性を損なうものではないのです。

私はカント倫理学への理解や賛同を妨げる原因がどこにあるのか正確に押さえることによって、その核心部分の中身であり価値が露になることを企図して、本書の執筆にあたりました。

その試みが、大手出版社による新書という、この上ない形で結実することは私にとって大きな喜びであります。ひとりでも多くの人に、カント倫理学のすばらしさについて知ってもらえればと願っています。

拙著『意志の倫理学―カントに学ぶ善への勇気』を読んで私の姿勢に共感してくださり、このような企画を提案してくださった編集者の藁谷浩一さんには心から感謝しております。また、私の知らないところで、多くの人がこの本に関わっているはずです。私が名前も知らない、面識もない人たちに対しても、感謝の気持ちを持っていることをこの場を借りて伝えさせていただきたいと思います。ありがとうございました。

倫理学研究者に向けての提言

著作を記す場合、順番としては、本文を書き終えてから、最後に「おわりに」を据えて、その後に続くのはせいぜい「参考文献」くらいだと思います。普通は内容的な話はもうしません。私は本書を書くにあたっても、そのつもりでいました。実際に「おわりに」を書くまでは。

というのも、自分で「おわりに」に「大手出版社による新書という、この上ない形で結実する」と書いてから、この文面が、私の頭のなかをグルグルと回りはじめたのです。大手出版社から新書という形態での出版となれば、比較的小さな書店にも並ぶことになり、多くの人の目に留まることになるはずです。考えてみれば、こんな機会は一生の間にもう二度と訪れないかもしれないのです。

本書は、倫理学に触れたことがないような一般の人をターゲットにしています。加えて、倫理学の研究者に向けても語るとなると、ポイントがぼやけてしまうことになるので、当初は避けるつもりでいました。しかし、ここまで書いてきて思うことは、最後に別のターゲットに対してわずかながらのメッセージを添えても、本書の焦点が霞《かす》むことにはならないのではないかということです。

というわけで、以下に私が倫理学研究者に向けて言いたいことを手短にまとめ、それを提言とすることにしました。本文において何度か名前が出てきた植松聖は、障害者を生産性のないものと見なしました。私自身は障害を持っていませんが、この生産性云々の議論が他人事とは思えないのです。というのも、私が研究している「倫理学」という分野が、まさに生産性のない学問の典型のように見なされ、そして、これまで冷遇されてきたためです。

日本の大学における倫理学の研究というのは、主に「哲学科」や「人文学科」において行われています。今から二〇年以上前、私が大学の哲学科に入学した頃からすでに、とりわけ国公立の大学では哲学科はポストや研究費が削減される対象となっていました（その流れは今日まで続いています）。当時から、そういったニュースが流れるたびに、哲学科の教員たちは、「あいつら（政治家や役人など）は何も分かっていない」「バカな奴らだ」などと罵っていました。

しかし、私はそういった言葉を聞くたびに「それは違うのではないか」と感じていました。というのも、倫理学の価値が分からない門外漢が悪いのではなく、その価値を彼らに伝えられていない、もっと言えば、そもそも伝えようとすらしてこなかった側に責任の大半があるはずだからです。

日本には四年制大学だけで八〇〇校を超えます（二〇二一年度。以下同）。短期大学や高等専門学校などを含めると、一二〇〇校近くあります。その大半に「倫理学」という名のつく講義を担当する教員がいるはずなのです。総合大学となれば複数の教員がいるでしょう。大学に哲学科や倫理学専攻などが設置されていれば、その数は二桁に上るかもしれません。今後はそれがどんどん減らされていくでしょうが、現状ではまだ日本には多くの倫理学研究者（倫理学の講義をして生計を立てている人）がいるのです。

彼らは、学会の発表や、その学会が刊行している雑誌のなかでは、自身の研究の意義について積極的に語るのです。さらに（私は直接目にしたことはありませんが）これが大学のポストや研究資金を獲得するための書類だの、面接だのとなれば、そのトーンが一段と上がるものと思われます。[*63]

しかしながら、ここに問題の本質が潜んでいるのですが、倫理学研究者のなかで自分の研究成果を分かりやすく伝えるために一般向けに本を記すような者はほんの一握りであり、大多数の倫理学研究者はそんなことはしないのです。

学問分野によっては、例えば、自然科学者などは、新しい法則を発見したり、証明したりすることが仕事であって、その成果を一般の人に分かりやすく説明することが義務であるとまでは言えないと思います。他方で、倫理学者とは「善とは何か」「その善を探求するには何をすべきか」といった、生き方に関わる、多くの人が関心を寄せる問いに対峙する人たちであるはずです。このような問いに対して、もし妥当性のある答えを示せるというのであれば、その成果を一般の人々にも伝えるべきでしょう（わざわざその価値をひとり、もしくは仲間内でのみ抱え込むべき理由があるとは思えません）。

そこで私からの提言のひとつ目は以下のようなものとなります。

①自身の研究成果を一般の人に分かるように伝える努力をする。

そのための手段はさまざまあると思います。最近であればネット、とりわけYouTubeなどを活用することも有効な手段と言えるでしょう。それでも、依然としてもっとも現実的で、効果的なのは、やはり一般向けの著作を記すことなのではないでしょうか。極端に言えば、生きているうちに一冊でもいいと私は思っています（翻って、それすら拒むというのはどういうことなのでしょうか。その人は何のために倫理学研究に携わっているのでしょうか）。

ごく一部の倫理学研究者しか一般向けの本を書かないとしても、倫理学研究者の数自体が多いので、結果的には倫理学の一般向けの著作は世の中にそれなりの数が存在していることになります。しかしながら、その多くは私が念頭に置いているものとは少しズレているのです。よく目にするスタイルは、先哲の教えを極力正確に、分かりやすく伝えることを目的としたものです。そういった知識伝達スタイルの存在意義自体は否定しません。むしろ、本当に分かりやすく書けているのであれば、入り口としては、つまり初学者にとっては大いに有効であると思います。しかし、書いている本人が、先哲の教えに賛同しているのか、それともしていないのか。していないのであれば、どのようにそれを乗り越えるつもりなのかといった点にまで踏み込んでいない。つまり、著者自身の主体的な立場について一切触れずに、知識伝達型の著作しか書かないようでは、やはり不十分であると私は思うのです。なぜなら倫理学とは、書き手にとっても、読み手にとっても、「頭のなかで理解して終わり」という性格のものではないはずだからです。

そこで私からの二つ目の提言は以下のようなものになります。

②自らが研究している理論を、どのように自身の生き方に反映させているのかについて、分かりやすく描き出す努力をする。

自分が研究している理論について、本当にそれがすばらしいものであると信じているのであれば、本人がその理論に則って生きることができるはずであり、また、それができるのであれば、その姿を分かりやすく描き出すよう努めることができるはずなのです（もしそれができないということであれば、私ならどこかに欠陥があると考えます）。

上述の二つの要件を満たしている研究者はごくわずかですが、いることはいるのです。そして個人的には、徐々にですが、その数は増えてきているように感じています。良い傾向だと私は思っています。

多くの倫理学研究者が、自らが研究している理論について、それをどのように自身の生き方に反映させているか一般の人々に向けて噛み砕いて伝え、そこに妥当性があり、実際に人々の生き方に、ひいては社会全体に影響が出てくるようになれば、世間から「倫理学不要論」（「哲学不要論」も含む）など出てくるはずがないのです。

現状において残念ながらそうなっていない原因は、それを担っている側にあります。それを素直に受け止めるべきなのです。第二章の道徳教育の文脈において、生徒の側ではなく教師の側が変わるべきことについて触れましたが、倫理学の世界についてもまったく同じことが当てはまります。倫理学を担う側が変わろうとしなければ、倫理学研究は今後もポストや研究費を削減されていき、先細りとなっていくでしょう。まさに急激な人口減少の真っただ中にある日本という国自体がそうであるように。しかし私は、その流れに抗うつもりでいます。倫理学という学問、そして、カント倫理学の価値を心の底から信じる者として。

読者のみなさまへ

職場環境があまりに苦痛であり、耐えきれなくて自死してしまうような人がいます。そういった人に対して、「仕事が嫌なら辞めればいいのに」「他に方法があったのでは」などと言う人がいます。しかし、自死した人は、自死という選択肢を「選んでいる」のではなく、もはや理性的に考えることができないところまで追い込まれて、そうなってしまったに過ぎないのです（その意味でも、自死という行為そのものを道徳的悪と結びつけることは理不尽であり、また、カント倫理学の核心部分とも整合性がとれません）。

職場でなくても、どのような環境下における話でも構いません、この本をここまで読んでくださった方で、自分自身が倫理性にもとる扱いをされたことによって、今現在苦しんでいる、または、今後苦しむようなことがある場合、そして、その上で、自分が苦しんでいる原因について世の中に広く知ってもらいたいということであれば、私のところまでご連絡ください（ブログやツイッター経由で構いません）。やり取りさせていただいた後で重要な論点を含み、何らかの倫理学説と絡められると私が判断した場合、ブログや著作などで扱わせていただくかもしれません。

私にはカウンセリングすることはできませんし、ましてや当事者が抱える問題を解決する力などありません。ではそこに何の意義があるのかと、訝《いぶか》しく思われるかもしれません。例えば、一昔前までは、セクハラやパワハラといった概念すらありませんでした。当時は被害者は泣き寝入りするしかなかったのです。ところが、そういった概念があること、そして、それが社会的に許されざるものであることが周知されたことによって、加害者は同じことをした場合に非難される、また、非難されるのを危惧してそうした行為を思いとどまるようになったのです。私が公の目に留まる形で記述し、広く知られることによって、問題意識が高まり、被害の減少や抑止につながることになればと考えてのことです。

私は、倫理学者というものは、社会から距離を置いて浮き世離れした問題にばかり取り組むのではなく、現実に人々が抱え、苦しんでいる問題を取り上げ、風穴を開けるような存在であるべきと考えています。その試みが結実するかどうか分かりません。しかし、少なくとも私はそういった意志だけは持ち続けたいと思っています。

参考文献

カントの著作については、岩波書店と理想社から出ている『カント全集』を参考にしましたが、本書が一般向けの著作であり、そのため分かりやすさを優先したため、かなり意訳していることをここに断っておきます。

カント以外の著作で、参考にしたもの、引用した文献に関して、ここに記します。外国語文献で日本語訳がない場合には原典のみ、日本語訳がある場合には日本語訳のみ表記しています。

序章

秋元康隆『意志の倫理学―カントに学ぶ善への勇気』月曜社、二〇二〇年

オトフリート・ヘッフェ『自由の哲学―カントの実践理性批判』品川哲彦／竹山重光／平出喜代恵訳、法政大学出版局、二〇二〇年

第一章

稲盛和夫『生き方―人間として一番大切なこと』サンマーク出版、二〇〇四年

野村克也『野村の流儀―人生の教えとなる257の言葉』ぴあ、二〇〇八年

ビジネス哲学研究会編著『決断力と先見力を高める―心に響く名経営者の言葉』ＰＨＰ研究所、二〇〇八年

第二章

中村計『甲子園が割れた日―松井秀喜5連続敬遠の真実』新潮社、二〇〇七年
山口匡「道徳教育と自律の概念―カント道徳教育論の根本問題」（『愛知教育大学教育創造開発機構紀要』第三巻、七一～七八頁所収）二〇一三年
文部科学省『私たちの道徳―小学校五・六年』二〇一四年
石村広明／田里千代「スポーツ集団における体罰についての一考察―野球部とカルト宗教集団との類似性を手掛かりに」（『天理大学学報』二四五、六一～七四頁所収）二〇一七年
寺下友徳『甲子園！　名将・馬淵語録―明徳義塾野球部監督・馬淵史郎の教え』東京ニュース通信社、二〇一八年
筒香嘉智『空に向かってかっ飛ばせ！―未来のアスリートたちへ』文藝春秋、二〇一八年
元永知宏『野球と暴力―殴らないで強豪校になるために』イースト・プレス、二〇二〇年

第三章

マンフレッド・キューン『カント伝』菅沢龍文／中澤武／山根雄一郎訳、春風社、二〇一七年
デイヴィッド・ベネター『生まれてこないほうが良かった―存在してしまうことの害悪』小島和男／田村宜義訳、すずさわ書店、二〇一七年
Sorgner, Stefan Lorenz: *Schöner neuer Mensch*, Berlin 2018

三谷尚澄「カントにおける生と死の倫理学―有限な理性の奇妙な運命」（『新・カント読本』所収）法政大学出版局、二〇一八年
松田純『安楽死・尊厳死の現在―最終段階の医療と自己決定』中公新書、二〇一八年
室月淳『出生前診断の現場から―専門医が考える「命の選択」』集英社新書、二〇二〇年
Hardwig, John: Is There a Duty to Die? In: *Hastings Center Report*. vol. 27, No. 2. 1997, pp.34-42

第四章

Oswald, John: *The Cry of Nature; or, an Appeal to Mercy and to Justice, on Behalf of the Persecuted Animals*, London 1791
アートゥアー・ショーペンハウアー『道徳の基礎について』（『ショーペンハウアー全集』第九巻所収）白水社、一九七三年
Bentham, Jeremy: *An Introduction to the Principles of Morals and Legislation*, London 1970　邦訳も存在するものの部分訳であり、引用した箇所については翻訳されていません。ジェレミー・ベンサム『道徳および立法の諸原理序説』（『世界の名著49　ベンサム　J・S・ミル』所収）山下重一訳、中央公論社、一九七九年を参照。
伊勢田哲治『動物からの倫理学入門』名古屋大学出版会、二〇〇八年
シェリー・F・コーブ『菜食への疑問に答える13章―生き方が変わる、生き方を変える』井上太一訳、新評論、二〇一七年

ディーター・ビルンバッハー著、アンドレアス・クールマン序文『生命倫理学―自然と利害関心の間』加藤泰史／高畑祐人／中澤武監訳、法政大学出版局、二〇一八年
田上孝一『はじめての動物倫理学』集英社新書、二〇二一年

第五章

松尾豊『人工知能は人間を超えるか―ディープラーニングの先にあるもの』KADOKAWA、二〇一五年
Jean-François Bonnefon, Azim Shariff, Iyad Rahwan: The Social Dilemma of Autonomous Vehicles. In: *Science*. Vol. 352, 2016, pp. 1573-1576
西垣通／河島茂生『ＡＩ倫理―人工知能は「責任」をとれるのか』中公新書クラレ、二〇一九年
平和博『悪のＡＩ論―あなたはここまで支配されている』朝日新書、二〇一九年

第六章

有福孝岳／坂部恵ほか編『カント事典』弘文堂、一九九七年
フィリッパ・フット『人間にとって善とは何か―徳倫理学入門』高橋久一郎監訳、筑摩書房、二〇一四年
ジョン・ロールズ『正義論　改訂版』川本隆史／福間聡／神島裕子訳、紀伊國屋書店、二〇一〇年
朝日新聞取材班『妄信―相模原障害者殺傷事件』朝日新聞出版、二〇一七年
雨宮処凛編著『この国の不寛容の果てに―相模原事件と私たちの時代』大月書店、二〇一九年
山本貴光／吉川浩満『その悩み、エピクテトスなら、こう言うね。―古代ローマの大賢人の教え』筑摩書

房、二〇二〇年
ハンナ・アーレント『エルサレムのアイヒマン――悪の陳腐さについての報告』大久保和郎訳、みすず書房、二〇一七年

注

はじめに

＊1　いかなる例外もないということではありません。障害、病気、緊急事態等、何らかの理由で、理性的に考えることができないとすれば、その限りではありません。

序章

＊2　本書では「功利主義」という用語を、おそらく多くの功利主義者がその立場をとるであろう、結果への考慮ではなく結果そのものを倫理性の試金石とする「結果功利主義」と解して話を進めます。秋元（二〇二〇年）、一九六頁以下参照。

＊3　ただし中学、高校と年齢が上がるにつれて、成績も徐々に上がっていきました。
＊4　秋元（二〇二〇年）、一三頁以下（「はじめに」）参照。
＊5　大学の教授なども良い例かもしれません。人間性など期待してはいけません。
＊6　この種の義務は、直接的に道徳的善をなすためのものではなく、道徳的善の足固めのために期待される義務であり、そのため「間接義務」と言われるのです。
＊7　これだけでカントの悪概念が説明できるというわけではありません。後ほど第四章一節において、これとは多少表現の異なる道徳的悪の姿を紹介します。

第一章
＊8　この点が後で出てくる、自然や動物に関する間接的な義務はあるものの、自然や動物に対する義務はなく、直接的には自分自身に対する義務であるという話と関わってきます。それらの義務は「自己の完成」にも「他者の幸福」にも関わらないためであると言えます。本書第四章二節参照。
＊9　これは二重の意味においてであり、カントの例に絡めて言えば、本当に意図した通りに長生きできるかという意味と、実際に長生きできたとしても、それで本当に本人の幸せに結びつくのかという意味です。
＊10　典型的な例をひとつ挙げると、戦前、関東軍は中国国内で命令もないまま勝手に戦線を拡大していきました。明らかな軍規違反であり、本来は処罰の対象となるはずなのですが、軍部は「勝利」という結果に目がくらみ、その責任を問うようなことはしませんでした。このような哲学を欠いた組織は、後

で機能不全に陥る好例と言えます。軍部は関東軍の暴走を止めるためにも、泣いて馬謖《ばしょく》を斬るべきだったのです。

第二章

＊11　元高校球児で、現在実業家の菅原勇一郎は、成功している経営者のなかにアメフト経験者やラグビー経験者は目につくものの、野球経験者というのはあまりいないことを指摘しています。アメフトやラグビーと野球の競技人口の差を考えれば（当然、野球の方が圧倒的に多い）、実質的に相当の差があると言えます。元永（二〇二〇年）、七八頁参照。

＊12　中村（二〇〇七年）、一〇四頁参照。石村／田里（二〇一七年）、六一頁以下参照。また、宗教学者の島田裕巳は「カルト」という言葉こそ使っていませんが、オウム真理教を例に、高校野球の監督というヒエラルキーの頂点のもと団体生活をすることによる危険性について指摘しています。元永（二〇二〇年）、九五頁参照。

＊13　マスコミも「甲子園出場〇〇回！」「甲子園通算勝利数〇〇！」「歴代〇位！」などとおだてるものだから、言われた方は得意になって、目先の結果を求めてしまうのです。

＊14　このような考え方は、私自身はカント研究者からではなく、論理学や科学哲学が専門で、多くの関連著書がある高橋昌一郎先生の「科学哲学」の授業において学びました。日本では経験することが稀有な、学問的態度を身につけることのできる授業でした（高橋先生がアメリカの大学を出ていることが大きく影響しているものと思われます）。

＊15　文部科学省（二〇一四年）、三三二頁以下参照。

第三章

＊16　キューン（二〇一七年）、六一九頁以下参照。

＊17　アメリカの心理学者チャールズ・E・オスグッドが一九六四年に唱えた理論で、人はネガティブな言葉よりもポジティブな言葉の方が記憶に残り、影響を与えるというもの。

＊18　なぜベネターは、全人類を一瞬で滅亡させられる兵器を秘密裏に作り、それを告知することなく突然使用し、一切の不安も苦痛も感じないまま人々を絶滅させる方法を採らないのでしょうか。苦しみを生み出さないことを第一義とするならば、これこそが最善の方法であるはずであり、私にはベネターがこのような方法を考えつかなかったとは思えません。したがって、私の目には不徹底、中途半端に映るのです（全人類を一瞬で滅亡させることに私はまったく賛同できませんが、その方が筋としては通っていると思います）。

＊19　ただし「滑りやすい坂論」を持ち出すだけでは、ある立場を否定することにはならないと私は思っています。なぜなら、重要なのはバランスであるはずであり、それを放棄して、はじめから「バランスをとることなどできない、なぜなら滑り落ちるからだ」などと言っていたら、何も決められず、何もできなくなってしまうためです。「滑りやすい坂論」によって考えるべきは、ある理論について「だからダメなのだ」ということではなく、「どのように滑らないようにするか」ということであるはずです。

＊20　Sorgner (2018), S. 16.

*21 「Wie Spenderorgane Kinderleben retten（どのように臓器提供が子供の命を救うのか）」（二〇一九年一〇月三日）参照。https://elterngespraech.podigee.io/56-neue-episode（二〇二一年三月二五日最終閲覧）

*22 『人倫の形而上学』

*23 同様の傾向はカントの虚言についての立場にも当てはまります。彼は著作においては虚言に対してかなり厳格な姿勢を保っていますが、フリードリヒ二世統治時代の倫理学講義では、著作とは明らかに異なるかなり柔軟な姿勢を示しています。

*24 そのことは、第二次世界大戦中、アウシュビッツ収容所で、命乞いをする男の身代わりを申し出て殺されたマクシミリアン・コルベ神父が、カトリック教会において「聖人」として扱われていることからも窺《うかが》えると思います。

*25 日本では「尊厳死」という言葉も使われますが、恣意的に使われている語なので、本書では「安楽死」という表記で統一します。松田（二〇一八年）、一〇五頁以下参照。

*26 安藤泰至「日本でも安楽死合法化の議論を始めるべきか?」（二〇二〇年一〇月一九日）参照。http://www.jicl.jp/hitokoto/backnumber/20201019.html（二〇二一年三月二五日最終閲覧）

*27 厚生労働省「人生の最終段階における医療・ケアの決定プロセスに関するガイドライン」参照。https://www.mhlw.go.jp/file/06-Seisakujouhou-10800000-Iseikyoku/0000197722.pdf（二〇二一年三月二五日最終閲覧）

*28 *27に同じ。

＊29　Hardwig (1997) p.37.　この例は三谷尚澄による論文に紹介されています。三谷（二〇一八年）、二八七頁参照。

＊30　秋元（二〇二〇年）第三部、第五〜八節参照。

第四章

＊31　海外暮らしの私にとっては、一時帰国のたびに、老人の多さ（そして態度の不遜さ）と、子供や若者の少なさ（そして小さくなっている姿）が目に留まり、悲観的な気持ちになります。

＊32　現在の私の主な収入源は日本語講師としてのものです。私はしばしば思うのです。日本という国がそれなりに国力があり、影響力があるからこそ、日本語を学ぼうとする人がドイツにある程度の数存在し、私がその人たちのおかげで稼げて、生きていけるのです。このまま日本が衰退していけば、海外の日本語学習者も減ることになります。実際ドイツでは日本学科は次第に閉鎖されていっています。日本語講師としては死活問題となります。

＊33　ただし、「長期的には」と断ったように、あまり先がない人は恩恵に与《あずか》れないことになります。彼らには純粋に道徳的な根拠から判断してもらうことを期待するしかありません。

＊34　現状、国レベルでは対策は不十分であるものの、自治体レベルでは少子化対策に本腰を入れて取り組み、実際に成果を上げている市町村があります。兵庫県明石《あかし》市や岡山県奈義町《なぎちょう》などです。少子化が政治的に改善可能な問題であることを示していると言えるでしょう。

＊35　田上（二〇二一年）、二四五頁参照。

＊36　Oswald (1791), S. 29ff.

＊37　ショーペンハウアー（一九七三年）、三七一頁以下参照。

＊38　しかし、ベンサムは決してベジタリアンではありませんでした。理論内部においては、そして、この点（苦痛を基準に据えるという点）においては筋が通っているかもしれませんが、理論と実践という観点では、まったく筋が通っていないと言わざるをえないと思います。

＊39　伊勢田（二〇〇八年）、四〇頁以下参照。

＊40　ビルンバッハー（二〇一八年）、三〇九頁参照。

＊41　コープ（二〇一七年）、二五二頁参照。

第五章

＊42　「『ロボット犬』でも蹴っちゃダメ？　倫理めぐる議論盛んに」（二〇一五年二月一六日）参照。https://www.cnn.co.jp/tech/35060457.html（二〇二一年三月二五日最終閲覧）

＊43　同前。

＊44　松尾（二〇一五年）、三八頁参照。西垣／河島（二〇一九年）、六六頁参照。

＊45　福島第一原子力発電所の事故は、人間の想像を超える出来事が起こりうることを示す好例と言えます。「絶対安全」などということはないのであり、何かのきっかけで人類がＡＩに駆逐されてしまう、もしくは奴隷状態に追いやられてしまう可能性があることを真摯に受け止めるべきだと思います。

＊46　Bonnefon, Shariff, Rahwan (2016), pp. 1573-1576.

＊47　ここに紹介する例は以下に負っています。平（二〇一九年）、六二頁以下参照。

第六章

＊48　ちなみに、先に「エミール体験」について引用した、一般の臣民を軽視するようなカントの文章について、少し彼を擁護すると、あれはカントが著作として公刊したものでも、講義のなかで発言したことでもなく、死後に発見された「覚書」（メモ書きのようなもの）のなかに残されていたものです。そのことを考えれば、カント自身の「他人を軽視する」ことの定義にある「軽視の感情を露骨に表に現すこと」という要件は満たしていないことになります。

＊49　有福／坂部（一九九七年）、六二頁（「仮象」の項）参照。

＊50　似たような構造のこととして、私を見て「ニーハオ」と言ってきたり、中国語で話しかけてくるアジア系の顔つきの人たちがいます。ドイツでアジア系の顔つきの人間で、もっとも多いのは中国語話者でしょう。しかし、だからといって「アジア系の顔つきの人間＝中国語話者」と決めつけて対応するのはやめてほしいものです。

＊51　カントは道徳判断は主観的には誤りようがないと説きます。ただそれは客観的な情報を集め、客観的な視点に立って考えるよう努めた後で言えることであり、そういった前提を欠いて（主観のみに留まり）、主観的な正しさを主張することはできないのです。

＊52　日本を訪れたことのある外国人（特に私の場合はドイツに住んでいるので、ドイツ人ということになりますが）は、一様に日本人は親切であり、困っていると、助けようとしてくれる、と言います。そ

のような話を聞くたびに同じ日本人としてうれしく思います。だから（親切にする気持ちはあるのだから）こそ、不思慮から相手（外国人）に不快な思いをさせてしまうようなことは避けてほしいのです。

＊53　私は機転が利く方ではないので、しばしば不適切な表現を使ってしまっているであろうことを自覚しています。しかしもしそれに対して、中庸を欠いているから、または、苦痛を生み出しているから道徳的悪を犯していることになるという言い方をされたなら、私はカントの発想にもとづいて到底受け入れられません。

＊54　ロールズ（二〇一〇年）、序文xx·i頁および一八三頁参照。

＊55　現実に誰にも受け入れられないような格率に普遍妥当性を見出すというのは辻褄《つじつま》が合わないのです。もしくは、もう論理的な説明が不可能な次元で、本人は自身の正当性を確信してしまっているということもあるかもしれません。しかし、そこまでいくと、もはやそこに論理性を司《つかさど》る理性は介在していないと考えるべきでしょう。

＊56　＊2参照。ここでも功利主義を大部分の功利主義者が理解するであろう「結果功利主義」として解します。

＊57　もっと言えば、多くの場合は事後ですら分からないのです。例えば、「あなたは別の学校や大学を卒業していた場合や、他の会社に入っていた場合と比べて、どちらが幸福の総量を増加させる結果となっていたか？」と問われても、判定できないのです。

＊58　私が、考慮の妥当性と実際に結果が伴うかどうかは別であり、そのため「結果功利主義」と「過程功利主義」の区別が必要であることを述べたところ、ある功利主義者の口から「考慮が妥当なのに、結

果が伴わないなどといったことはありえない」という発言を聞いたときは、目から鱗《うろこ》でした。つまりその人は、私たちの世界には偶然が介在する余地などなく、未来を正確に予見できるはずであると信じていたのです。そんな現実離れしたことを言っている限り、そのような立場は人々から賛同を得ることはできないでしょう。

＊59　山本／吉川（二〇二〇年）、九頁および第二章参照。

＊60　雨宮（二〇一九年）、八二頁以下参照。

＊61　秋元（二〇二〇年）、第一部第一二・一三節参照。

おわりに

＊62　本文にも触れたように（第三章五節参照）、カントは倫理学講義において自死について肯定的に語っているものの、自らの著作においては否定的なことしか述べていないのです。そして、自死が否定される理由についての説明はまったくもって説得的ではありません。

＊63　なかには素直に自身の研究の有用性についてまったく考えていないことを公言する人もいます。私の知人は大学のポストを得るための面接で、面接官から自身の研究の有用性について尋ねられた際に、まったく答えられなかったそうです。しかし結果的には彼は採用されました。その面接官はどのような意図でその質問をしたのでしょうか。また質問に答えられなかった私の知人はなぜそれで採用されたのでしょうか。真相は分かりませんが、おそらく、面接官にとって、聞いてはみたものの「どうでもいい質問」だったのでしょう。

秋元康隆（あきもと やすたか）

一九七八年生まれ。トリア大学講師、トリア大学付属カント研究所研究員。専門は倫理学、特にカント倫理学。日本大学文理学部哲学科を卒業し、日本大学大学院の修士課程修了後、カント研究の本場ドイツに渡る。トリア大学教授でありカント協会会長であるベルント・デルフリンガー教授のもとで博士論文を執筆し、博士号取得。ドイツ在住。著書に『意志の倫理学――カントに学ぶ善への勇気』（月曜社）がある。

いまを生《い》きるカント倫《りん》理《り》学《がく》

集英社新書一一二一C

二〇二二年七月二〇日 第一刷発行

著者……秋《あき》元《もと》康《やす》隆《たか》
発行者……樋口尚也
発行所……株式会社集英社
東京都千代田区一ツ橋二-五-一〇 郵便番号一〇一-八〇五〇
電話 〇三-三二三〇-六三九一（編集部）
〇三-三二三〇-六〇八〇（読者係）
〇三-三二三〇-六三九三（販売部）書店専用

装幀……原 研哉
印刷所……凸版印刷株式会社
製本所……ナショナル製本協同組合

定価はカバーに表示してあります。

ISBN 978-4-08-721221-1 C0212

Printed in Japan

a pilot of wisdom